JN045147

# Rによる
## 経済・経営
## データ解析入門

譚 康融 ［著］

九州大学出版会

# 序

　1980 年に出版されたアルビン・トフラーの名著『第三の波』(*The Third Wave*) において未来の情報化社会の姿が描かれたが，それはもはや今日の社会の一部となっている。

　特に 1990 年代以降のインターネットの普及・高速化，電子商取引 (E-commerce)，携帯端末および IoT(Internet to Things) の台頭や AI(Artificial Intelligence) 技術の発展により，処理される情報の質も量も大幅に向上・拡大した。 それは経済・経営のあり方，人々のライフスタイルや余暇の過ごし方に大きな影響を与えている。

　一方，ICT(Information Communications Technology) の日進月歩の発展により，経済・金融危機におけるリスクの情報はこれまでよりも素早く伝播・拡散され，ほんの一瞬で世界中を駆け巡り，「地球村」の隅々にまで伝達されるようになった。そしてそれは金融機関や一般企業，個人投資家などの過敏で過剰な反応を招くことにつながった。1987 年 10 月 15 日のブラックマンデーがそのよい例であろう。香港市場の株価の暴落は北米・欧州市場に即座に波及し，世界中の主要市場において株価は軒並み暴落したのである。また 2008 年に起きたリーマンショックも同じように世界経済に大打撃を与えたことは紛れもない事実である。

　そのような経済・経営環境に置かれている現代企業にとっては，企業の経営をいかに効率的にすべきか，またいかにその経営状況を正しく評価すべきかという大きな課題が求められている。

　よい企業経営とは，その企業の経営効率が 1 つの重要な指標として評価され

ることである。企業の経営効率性（経営パフォーマンス）を適切に評価する手
法はこれまで様々な提案がされてきた。特に情報化社会においては，情報は常
に不確実性および非対称性の性質を持つので，情報を適切に評価することは，
企業経営の効率性を正確に把握するだけでなく，効率的な投資活動の遂行も促
進する。

反面，企業経営の状況を適切に評価できないと，投資者に莫大な損失をもた
らすことも有り得る。経営者が経済・経営活動に伴うリスクファクターに対し
て，リスクコントロール (適切な評価, 回避等) を行う一方，PDCA(Plan, Do,
Check, Action) を実施することにより，絶えず変化している経営環境に適応
し，効率的経営管理を実現することによって，事業のさらなる発展を導くこと
が必要である。

またスマートフォンなどのモバイル端末が普及するにつれて，利用者の居場
所や消費行動などに関するデータもリアルタイムに蓄積され，データの保存・
処理方法も多様化になり，クラウドコンピューティング (Cloud Computing)
が広く利用されるようになった今日，蓄積したデータの山から発掘 (Data
Mining) を行い，新しい知識を発見 (Knowledge Discovery) して，それらを活
かすことがマネジメントの欠かせないプロセスであることは言うまでもない。

金融工学の分野においては，マーケットデータの分析活用は欠かせないもの
である。例えば，株価や為替レートなどの金融データの解析，すなわち，それら
の統計的特性を解析することにより，ポートフォリオの最適化をはじめ，投資
者の最適な意思決定を支援することができる。また，金融データ解析に当たっ
ては，数理的モデリングは欠かせないものである。従って，金融システムの挙
動を分析し，そして定式化することにより，数値的な解析やシミュレーション
が行われるようになり，最も合理的な行動 (Rational Behavior) をとることが
できる。

さらにユーザのプライバシーについての課題はあるものの，ネットワークの
高速化により，伝搬されたデータの量も質も飛躍的に増えていると言える。世
界中の金融データ，例えば世界各国の株価指数 (日経平均株価, DOW 平均指数
など) をリアルタイムで取得できるようになっている。

そこで，2008 年に起きたリーマンショックのような世界金融危機を早期に予

測し，危機の前兆となるシグナルを捉えることはできないかということが問われてくる。

　この課題に対して，我々の研究成果の一部をまとめたものが本書である。特に非線形を含めたシステムの状態変化や，転換点の出現・検出の問題を取り上げ，その提案手法の有効性が確認されている。転換点を正確に予測することで損失を回避したり，あるいは最小限に抑えたりすることができるのである。本書では，株価の時系列における転換点の検出や，ジャンプを含めた確率微分方程式 (Stochastic Differential Equation) から，システムパラメータであるジャンプサイズの変化や，ジャンプ頻度の変化などの検出法およびその正確さなどについて，実例を通して示していく。

　経済・経営の数量解析においては，これまでに，理論および解析の諸手法は多岐にわたって提唱・実践されており，多くの成果が挙げられている一方，未解決な問題も多く残されている。本書はまず，基本の部分から分かりやすく解説し，逐次にやや難しい理論および応用問題にチャレンジしていく展開となる。

　従来，「日本的経営」と言えば，「終身雇用」，「年功序列」，「企業別労働組合」という三種の神器が必ず言及されてきた。しかし近年，「終身雇用」と「年功序列」の体制は徐々に変貌しつつあり，能力主義への移行が多く見受けられている。現代企業においては，総合的能力の高い人材を採用したがる傾向は否めないだろう。学生が文系か理系かにかかわらず，数量分析の方法を理解できるかどうかは，将来の就職や，キャリアの発展に大きな影響を与えると考えられる。

　本書の構成は以下の通りである。

　最初の第 1 章では，R のプログラミングの基礎を解説し，R の便利さと機能性の高さを読者に体験していただく。

　第 I 部の第 2 章から第 4 章では，企業経営効率の分析手法を解説し，主に回帰分析，ロジスティック回帰分析，データ包絡法 (DEA: Data Envelopment Analysis) や，SFA(Stochastic Frontier Analysis) などの手法について，R プログラミングを用いた実例を示す。

　第 5 章では，政策分析などによく使われている因果関係を定量的に解析する SCM 手法 (Synthetic Control Method) を解説し，SCM 手法による政策効果

の分析の実例を取り上げる。

第 6 章では，クラスター分析と判別分析を取り上げる。従来の線形判別だけでなく，近年，AI の機械学習 (Machine Learning) やデータマイニングなどの分野において，よく利用されている SVM(Support Vector Machine) 手法も紹介し，経営・管理分野への応用例を示す。

第 II 部では，金融工学の基礎を確認し，金融市場や金融派生商品への評価，資産管理の計量的手法や極値分布などを取り上げている。実例を示しながら，金融工学の基本手法，並びに R を用いた実際のプログラミングを実践する。

第 7 章では，2 次計画法を用いたポートフォリオの最適化や BS(Black-Scholes) 公式を用いたオプションへの評価などについて，数値例を示する。さらに極値理論に基づき，一般極値分布 (GEV: Generalized Extreme Value) を用いた株価や気温変化の解析などを展開する。

第 8 章では，金融時系列における転換点 (Change Point) の検出について，シミュレーションと実証分析を通して，提案した検出法の有効性を確認する。

第 9 章と第 10 章では，ベイジアンアプローチの理論と要点を整理し，それらに基づき，金融時系列データやネットワーク通信トラフィックデータなどの転換点の検出，および確率微分方程式の構造変化 (Structural Change) の検出等々，複数の応用問題にベイジアンアプローチを適用させ，その有効性を検証する。実証分析によく用いられる数理モデルの導出，およびそれらの応用について，理論的展開を進めると同時に，数値例を挙げながら，より分かりやすく詳しく解説・展開していく。

第 11 章では，転換点のみならず，時系列データにおけるレジーム (Regime) の転換を検出するため，マルコフ・レジームスイッチング解析 (MRSA: Markov Regime Switching Analysis) 手法を導入し，実証分析によるその有効性を示す。

統計解析ソフトウェア R を選んだ理由としては，1) 高度な統計解析機能を備えていることと，2) フリーソフトであること，という 2 点に集約できよう。なお，本書を利用するにあたっては，読者は基本的な情報リテラシー (Information Literacy) を身につけておくことが望ましい。

　本書の出版に当たっては，今までご指導・お力添え・ご協力下さいました久留米大学の教職員の方々に，この場をお借りして深く感謝いたします。

　また今まで多くのご指導，ご教示を賜りました時永祥三九州大学名誉教授，岩本誠一同名誉教授，古川哲也九州大学教授，小野廣隆名古屋大学教授に厚くお礼を申し上げます。

　さらに九州大学，Columbia University など，いくつかの国内外の研究機関からのご協力に感謝いたします。

　本書の内容の一部は，著者のこれまでの研究成果の一部をまとめたものである。ただ，限られた時間の中で，一部の最新成果は割愛せざるを得ず，次の著作物にて公表する予定です。また研究成果の一部は文部科学省科研費基盤研究(C)18K04626 の助成を受けたものであり，JSPS に感謝の意を表します。

　また出版に際して査読をくださった先生方からは貴重なご指摘・アドバイスをいただき，本書の質が大きく高まりました。この場をお借りして深くお礼を申し上げます。

　最後に，九州大学出版会の古澤言太氏，永山俊二氏には本書の企画から製作まで大変お世話になりました。心より感謝いたします。

譚　康融

令和 5 年 8 月 8 日立秋

福岡市御島崎にて

# 目次

# 第 1 章

# フリーソフトウェア R の基礎

　なぜフリーソフトウェア R を選んだのかについては, すでに「序」のなかで述べたが, 最大の理由としては, やはりフリー (無料) で多機能であることに尽きよう。従来の統計専用ソフトウェア, 例えば, SAS などの製品は, 結構高価な使用料, あるいはパッケージの購入が必要で, 個人ユーザにとっては敷居はやはり相当高いと言わざるを得ない。官庁, 大学などの研究機関, 金融機関やデータウェアハウスなどでしか導入されていないのも事実であろう。しかし R は現在, 大学をはじめ, 多くの研究機関や金融機関などに導入されていて, コストパフォーマンスの高さが評価されている [1]-[3]。

　R は図 1.1 に示されているように, R-project という組織 (http://www.R-project.org) によって, 開発・運営されている。

　実際に R を導入するにあたって, まずはこのサイトにアクセスし, 使用しているコンピュータの OS(Operating System) に合う R のバージョンをダウンロードしてインストールすることになる。例えば, Windows 系であれば Windows 版の R を, iOS であれば Mac 版をそれぞれダウンロードすればよい。UNIX 系用の R バージョンも用意されている。またダウンロードの際に, CRAN (Comprehensive R Archive Network) から各々のミラーサイト (Mirror Site) が提供されている。さらにユーザの必要に応じて, R の様々なパッケージをインストールすることも可能である。各パッケージの利用案内は CRAN に掲載されているマニュアルで確認できる。

# The R Project for Statistical Computing

[Home]

**Download**

CRAN

**R Project**

About R
Logo
Contributors
What's New?
Reporting Bugs
Conferences
Search
Get Involved: Mailing Lists
Get Involved: Contributing
Developer Pages
R Blog

## Getting Started

R is a free software environment for statistical computing and graphics. It compiles and runs on a wide variety of UNIX platforms, Windows and MacOS. To **download R**, please choose your preferred CRAN mirror.

If you have questions about R like how to download and install the software, or what the license terms are, please read our answers to frequently asked questions before you send an email.

## News

- **R version 4.2.1 (Funny-Looking Kid)** has been released on 2022-06-23.
- **R version 4.2.0 (Vigorous Calisthenics)** has been released on 2022-04-22.
- **R version 4.1.3 (One Push-Up)** was released on 2022-03-10.
- Thanks to the organisers of useR! 2020 for a successful online conference. Recorded tutorials and talks from the conference are available on the R Consortium YouTube channel.
- You can support the R Foundation with a renewable subscription as a supporting member

図 1.1　R 運営サイトの画面

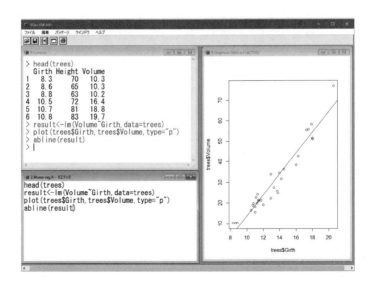

図 1.2　R の 3 つ重要な画面

　図 1.2 では，R において主に使われる 3 つの画面 (コンソール (Console)(左上)，グラフ (Graph)(右)，スクリプト (Script)(左下)) が示されている。コンソール画面は，従来のコマンドラインのインタプリタとして機能している。スクリプト画面は，長いプログラムを書くための編集画面であり，プログラムをまとめて実行することができる。グラフ画面はプログラムが描いたグラフを表示する画面である。

## 1.1　コンソール画面での計算

　R のコンソール画面で，かつての DOS プロンプト (コマンドライン) の感覚で，コマンドを入力すると，簡単な計算ができる。以下の例題を R のコンソール画面で確かめてみてください。電卓でもできる簡単な計算から数値積分，微分などといった高度な計算能力が設けられている。

　プログラムの中で，"#" が付いた行はコメント行である。コメント行自体は実行されないが，あとあと分かるようにメモをしたようなものである。

[例題 1.1] 半径 10 の円の面積の計算

円の面積計算
```
> 3.14*10^2
[1]314
> pi
[1] 3.141593
> pi*10^2
[1] 314.1593
```

[例題 1.2] 2000 万円を 1 ％の年率で 30 年間預金した場合の金額

複利の計算
```
> 2000*(1+0.01)^30
[1] 2695.698
```

[**例題 1.3**] 数値積分 $\int_a^b f(x)dx$ の計算。例えば，$\int_0^{2*3.14} sin(x)dx$

┌─ 数値積分の計算 ────────────────────────┐

```
> integrate(sin, 0, 2*3.1415)
1.716938e-08 with absolute error < 4.4e-14
```

　理論計算は 0 となるが，数値積分なので，僅かな誤差が生じるが，その絶対誤差は 4.4e−14，すなわち，$4.4 \times 10^{-14}$ 以下であると示されている。

[**例題 1.4**] 関数 $f = x^3$ を定義し，区間 $[-1,1]$ での積分

┌─ 関数の定義, 積分 ────────────────────────┐

```
> f <- function(x) x^3
> integrate(f, -1, 1)
0 with absolute error < 5.6e-15
```

[**例題 1.5**] 正規分布の確率密度関数 (dnorm(数値, 平均, 標準偏差)) の積分

┌─ 正規分布密度関数 (dnorm) の積分 ────────────────┐

```
> integrate(dnorm,-Inf,Inf)    #Inf:無限大の記号
1 with absolute error < 9.4e-05
```

[**例題 1.6**] 自然指数関数 $e^x$ の微分

┌─ 指数関数 $e^x$ の微分 ────────────────────────┐

```
>m<-deriv(~exp(x), "x", func=T)
>m(1)    #x=1 のときの値
[1] 2.718282
attr(,"gradient")
            x
[1,] 2.718282
```

[**例題 1.7**] Newton 法で開区間 (0,10) の間にある根を求める。

--- Newton 法による根を求める ---

```
f <- function (x) x^2-2*x-3
uniroot(f, c(0, 10))
$root
[1] 3
$f.root
[1] -8.889139e-07
$iter
[1] 8
$init.it
[1] NA
$estim.prec
[1] 7.329477e-05
```

[**例題 1.8**] $x^2 - 2x - 3$ の根を求める。

--- 2次方程式の根を求める ---

```
polyroot(c(-3, -2, 1))
[1] -1+0i   3-0i
```

[**例題 1.9**] ベクトルの生成・計算

ベクトルを使うと，いろいろな計算が便利になることがある。例えば，ベクトルの要素の和 $S_n = \Sigma_{i=1}^n x_i$，積 $P_n = \Pi_{i=1}^n x_i$ を求める。

--- ベクトルとその要素の生成 ---

```
> x<-seq(1,10,1)
> x
 [1]  1  2  3  4  5  6  7  8  9 10
```

┌─ 要素の和・積 ──────────────────────────
```
> sum(x)    #要素全体の和
[1] 55
> prod(x)   #要素全体の積
[1] 3628800
> prod(x[1:6])     #要素 1 から 6 までの積
[1] 720
```
└──────────────────────────────────────

あるいは次のようにベクトルを生成することができる。

┌─ ベクトルとその要素の計算 ──────────────────
```
> s<-c(-10:10)
> s
[1]-10 -9 -8 -7 -6 -5 -4 -3 -2 -1 0 1 2 3 4 5 6 7 8 9 10
> s[5]    #単独要素（5 番目）の表示
[1] -6
> s/10    #要素全体を 10 で割る
[1]-1.0 -0.9 -0.8...0.0...0.8  0.9   1.0
```
└──────────────────────────────────────

[例題 1.10] 正規乱数の生成

正規乱数を用いたシミュレーションは経済・経営の分野でもよく利用されている。関数 rnorm(乱数の個数, 平均, 標準偏差) を用いて各引数の値をセットし, 乱数を簡単に生成できることはありがたい。

┌─ 正規乱数の生成 ───────────────────────────
```
> y<-rnorm(100,0,1); #平均 0，標準偏差 1 の正規乱数 100 個の生成
> y
[1] -0.26471635   0.06836203   1.04438384   ...
[97] -0.21872425   1.30495947   0.21969349   0.51006633
```
└──────────────────────────────────────

┌─ y の乱数値のプロット (図 1.3) とヒストグラムの作成 (図 1.4) ─

```
> plot(y,type="b")
> hist(y)
```

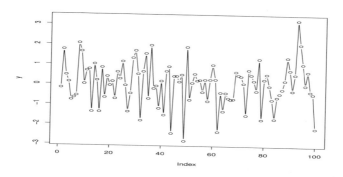

図 1.3　乱数データのプロット

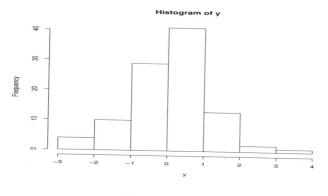

図 1.4　ヒストグラム

　関数 hist を用いてデータのヒストグラムを描く。関数 plot を使って, 時系列データをプロットする場合, 異なる type の値によって, 線の種類を選ぶことが

可能である。ちなみに, type="l"のときは, ラインで各点をつなぐ。type="p"のときは, 点のみを表示する。type="b"のときは, 点と折れ線を両方で描く。上述以外の設定もできるので, 詳細は help(plot) で確認することができる。

## 1.1.1   スクリプトでプログラムを書く

　一方, やや複雑あるいは長いプログラムを書くときは, スクリプトでプログラムを書いたほうがよい。実際, 複雑なプログラムを作成するにあたって, スクリプトを書くのが効率的であり, 編集, デバッグ (Debug) やプログラムの機能追加等の拡張もしやすくなる。図 1.5 では R スクリプト (Script) の編集画面 (R エディタ) が示されている。

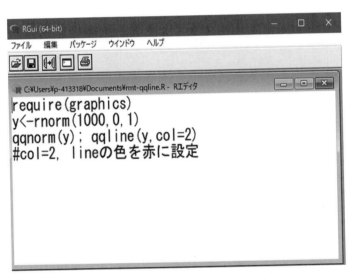

図 1.5   R のスクリプトの編集画面

　そのとき, 上述したスクリプト画面を開く必要がある。まずはコンソール画面をクリックしアクティブにして, 次にファイルをクリックして新しいスクリプトをクリックして選ぶ。すると新しいスクリプト画面が表示される。そこか

らコードを入力し名前を付けて保存する。

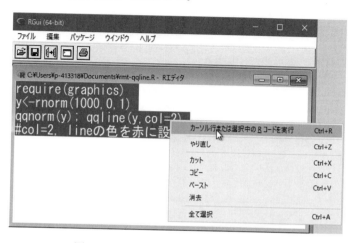

図 1.6 右クリックでのスクリプトの実行

　保存後, 図 1.6 に示しているように, スクリプトの実行したい部分をドラッグして範囲を確定したままの状態で, 右クリックして表示されている選択メニュー (カーソル行または選択中の R コードを実行, やり直し, カット, コピー, ペースト, 消去, 全て選択) から「カーソル行または選択中の R コードを実行」をクリックしてスクリプトを実行する。

　あるいは図 1.7 に示しているように, 実行したい部分をドラッグして範囲を確定したままの状態で, メニューバーの 3 番目の実行ボタンをクリックして実行する。

　以下からはスクリプトの例を示す。統計処理はときには正規性を判定する必要が出てくる。正規性判別にあたっては, qqplot がよく利用される。

　正規分布に従う場合は, 関数 qqnorm, qqline で得られた qqplot はほぼ一直線となるが, 非正規分布の場合は, 一部が直線から乖離しているケースが多く見受けられる。

　以下では, 正規乱数と $t$ 分布に従う乱数をそれぞれ用いて qqplot を描くスクリプトを示す。

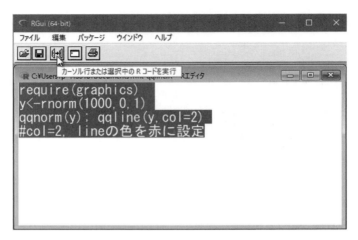

図 1.7　メニューボタンでのスクリプトの実行

```
┌─ 正規乱数の qqplot ──────────────────────────────

  require(graphics)    #グラフィックス関数のパッケージ
  y <- rnorm(1000, 0,1)    #";"を用いて 1 行で複数の文を書く
  qqnorm(y);qqline(y,col=2)    #line の色の設定  col=2 は赤に

└─────────────────────────────────────────────
```

　上記コードを実行すると，図 1.8 の実行後の画面が得られる。各ウィンドウ
が重なった場合は適切に枠の大きさを調整すればよい。あるいはメニューバー
のウィンドウをクリックして「縦に並べて表示」などを選ぶと，各ウィンドウ
がすべて表示される。図 1.9 は実行後の画面から保存したグラフである。
　図 1.10 に示されたように，乱数が自由度 6 の t 分布に従っているので，裾が
直線から乖離している。

```
┌─ t 分布に従う乱数の qqplot ──────────────────────

  #関数 rt で自由度 6 の t 分布に従う乱数 1000 個を生成
  y <- rt(1000, df = 6)
  qqnorm(y); qqline(y, col = 2)

└─────────────────────────────────────────────
```

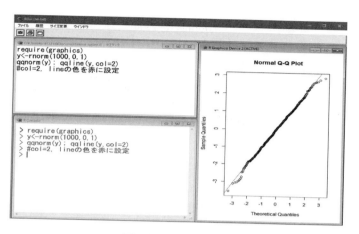

図 1.8　実行後の画面

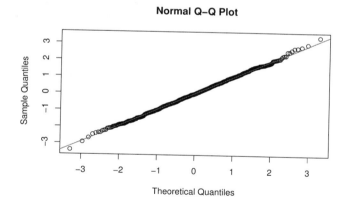

図 1.9　正規乱数の qqplot 図

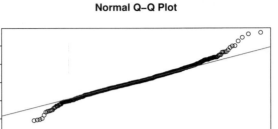

図 1.10　$t$ 分布に従う乱数の qqplot 図

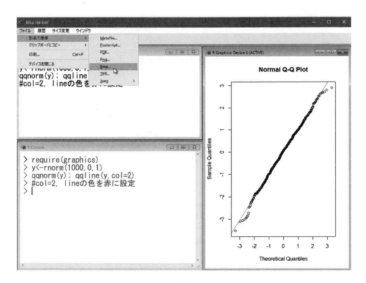

図 1.11　グラフの保存

グラフの保存には,マウス操作での保存とコマンドによる保存の2種類ある。

1) マウス操作での保存には,図1.11に示している。

まずはグラフィックウィンドウをクリックしてアクティブにしておき,そしてメニューバーのファイルをクリックして「別名で保存」を選ぶと,いくつかの画像形式の選択メニューが表示され,例えば"bmp"をクリックすれば,画像がbmpファイルとして名前を付けて保存される。

2) コマンドによる保存はスクリプトあるいはコンソールに入力したコマンドによって,グラフが対象画像ファイルとして保存される。

下記のコードは画像をepsあるいはpngファイルとして保存する。dev.off()関数は今アクティブなグラフウィンドウを閉じ,画像ファイルを保存する。

```
─ グラフの保存 ─────────
1)plot 関数で図を描く
dev.copy2eps(file="qqplot.eps")
2)png(file="qqplot.png")    #pdf,bmp などのコマンドも同様
plot 関数で図を描く; dev.off()
```

## 1.2　ファイルの読み書き

Rでは,異なる形式の様々なファイルを読み込む機能を備えている。よく使われているのはcsv,テキスト,EXECELファイルなどが挙げられる。以下の例では,csvファイルの読み込み,およびその中身を表示する。

[例題 **1.11**] EXCELファイルとcsvファイルの読み込み,および中身の表示。テキストファイルの場合はread.tableを用いればよい。

```
─ EECEL と csv ファイルの読み込み ─────────
library(xlsx)    #EXCEL ファイルを読み込む場合が必要
z<-read.xlsx("ABC.xlsx",sheetName="Sheet1"); z;
x<-read.csv(file="example_file1.csv",header=T); x;
```

[例題 1.12] 読み込んだファイルのなかの個別な変数 price を取り出す。

```
┌─ ファイルのなかの個別な変数の取り出し ─────────
│
│  >x    #データの変数名（date,price）があるため，header=T
│  date    price
│  2004-05-24 9958.43
│  ...
│  2014-05-22 16543.08
│
│  #price の値を取り出して変数 new_var に入れる
│  >new_var<-x$price
│  >new_var
│  9958.43
│  10117.62
│  ...
│  16543.08
│
└─────────────────────────────────
```

また，読み込んだファイルの最初と最後の部分のみ確認したい場合，関数 head と tail を入力すれば，最初と最後の 6 行の内容が表示される。

```
┌─ ファイルの最初と最後の 6 行の内容の確認 ─────────
│
│  head(x)
│  tail(x)
│
└─────────────────────────────────
```

[例題 1.13] データをテキストファイルとして保存するには関数 write，もう一度呼び出すには関数 scan が利用できる。

```
┌─ テキストファイルとしての保存・読み出し ─────────
│
│  write(new_var,file="ABC.txt")   #保存
│  var<-scan("ABC.txt");   #読み出し
│
└─────────────────────────────────
```

また save(保存), load(呼び出し) というコマンドも利用できる。

さらに R では様々な関数 (function) があらかじめ用意されているので, ユーザにとっては, たいへん便利で簡単に使えるというところがありがたい。

[例題 1.14] $x$ の要素を降順に整列する。

```
┌─ x の要素の整列 ──────────────────────────
> x
 [1]  1  2  3  4  5  6  7  8  9 10
> sort(x,decreasing=T)    #降順の設定
 [1] 10  9  8  7  6  5  4  3  2  1
└──────────────────────────────────────────
```

R のコマンドの使い方を調べるには, help コマンドが便利である。例えば,

```
> help(sort)
```

と入力すると, sort の使い方が画面に表示される。

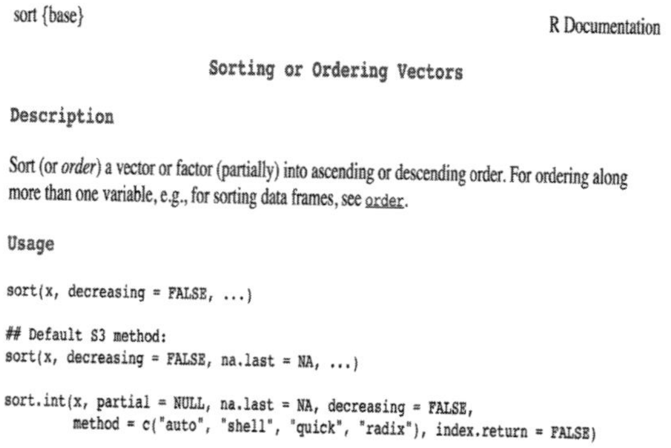

```
sort {base}                                              R Documentation

                    Sorting or Ordering Vectors

Description

Sort (or order) a vector or factor (partially) into ascending or descending order. For ordering along
more than one variable, e.g., for sorting data frames, see order.

Usage

sort(x, decreasing = FALSE, ...)

## Default S3 method:
sort(x, decreasing = FALSE, na.last = NA, ...)

sort.int(x, partial = NULL, na.last = NA, decreasing = FALSE,
         method = c("auto", "shell", "quick", "radix"), index.return = FALSE)
```

図 1.12　sort 関数のヘルプ画面

オンラインヘルプの内容は英語で表示される場合が多いが, インターネットで検索すると, ほとんどの日本語版が見つかる。

## 1.3 関数の利用

この節では，R 関数の利用について例を挙げながら，解説していく。経済の
分野では，効用関数を用いた行動の最適化，ポートフォリオの構成の最適化を
考えるケースが多い。効用関数は複数の種類があり，各々のケースによって，
その効用関数が異なってくる。対数効用関数 $U(x) = log(x)$ はよく利用され
ている。次の図 1.13 は $U(x) = log(x)$ の形を示している。

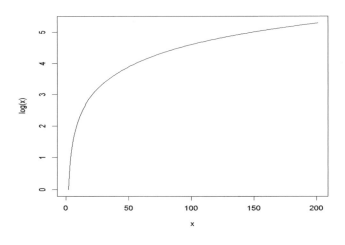

図 1.13　対数関数

```
関数 log(x) のプロット
#x の範囲を 0 から 200 まで，刻み 1 で設定
x<-seq(0,200,1)
plot(log(x),type="l")
```

| 関数記号 | 関数名 | 関数記号 | 関数名 |
|---|---|---|---|
| sin | 正弦 | quantile | クォンタイル |
| cos | 余弦 | hist | ヒストグラム |
| tan | 正接 | density | 密度推定関数 |
| exp | 指数 | qqnorm | qq プロット |
| log | 対数 | dnorm | 正規分布確率密度 |
| sum | 和 | rnorm | 正規乱数 |
| prod | 積 | pnorm | 正規累積分布 |
| diff | 差 | qnorm | pnorm の逆関数 |
| mean | 平均 | dt | t 分布確率密度 |
| median | 中央値 | rt | t 分布に従う乱数 |
| cov | 分散・共分散 | pt | t 分布累積分布 |
| sd | 標準偏差 | dgamma | $\gamma$ 分布密度 |
| cor | 相関係数 | dpois | ポアソン分布密度 |
| max/min | 最大値/最小値 | dbeta | $\beta$ 分布密度 |
| range | 範囲 | dunif | 一様分布密度 |

表 1.1 関数一覧表

表 1.1 には R でよく利用されている関数の一部をまとめている。一般的には, d*, r*, p*, q*関数はそれぞれ確率密度関数, 乱数生成関数, 累積確率関数及びその逆関数に対応している。

また複数の異なるグラフを 1 つの画面でまとめて表示したい場合, そのとき, マルチグラフウィンドウの設定を行う。

一般的には関数 par(mfrow=c(行数, 列数)) によってサブウィンドウ数 (行数×列数 ) を設定する。そしてそれぞれのグラフを描けばよい。

具体的な例として sin と cos 関数を同一画面で上・下にそれぞれ描く場合を考えておく。この場合, 2 行 1 列のマルチグラフウィンドウを設定し, 関数 sin(x)と cos(x) を順次にプロットすればよい, 図 1.14 に sin(x)(上), cos(x)(下) のグ

ラフを示している。

┌─ マルチグラフウィンドウの設定 ─────────────

```
#2 行 1 列のマルチグラフウィンドウの設定
op<-par(mfrow=c(2,1))
#sin(x),cos(x) の値を計算しグラフを描く
x<-seq(0,32,0.1)
y<-sin(x); plot(x,y,type="l",col="blue",ylab="sin(x)")
y2<-cos(x); plot(x,y2,type="b",col="red",ylab="cos(x)")
```

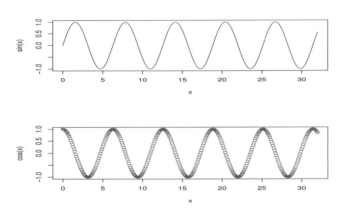

図 1.14　sin(x),cos(x) のグラフ

## 1.4　高精度なグラフィックス機能

　R は多彩なグラフィックス機能を備えている。白黒あるいはグレーな色は勿論, 鮮やかでカラフルな図も描けるし, 平面から 3 D 立体図まで描ける。本書は白黒で印刷されているが, 色を設定した 3 D 描画のコードを実行すると, 端末には鮮やかな立体 3D 画像が表示されるだろう。

　以下のプログラムで，図 1.15 のようにロジスティック曲線のカオスプール
バック図を描ける。

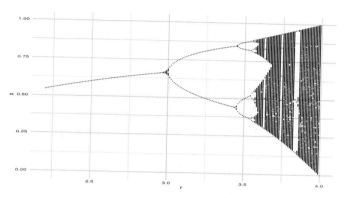

図 1.15　カオスプールバック図

```
カオスプールバック
library(ggplot2)
chaospullback <- function(r, ni, nd) {
 x <- numeric(ni); x[1] <- 0.5
 for (i in 2:ni) {
    x[i] <- r * x[i-1] * (1 - x[i-1]) }
  x <- x[(nd+1):ni]
  data.frame(r = rep(r, length(x)), x = x) }
rstart<-2.2;rstep<-0.01;rend<-4.0;ni<-1000;nd<-100
chaosdat<-do.call(rbind,lapply(seq(rstart,rend,rstep),
 function(r) chaospullback(r, ni, nd)))
ggplot(chaosdat, aes(x = r, y = x)) +
  geom_point(size = 0.1, color = "black") +
  labs(x = "r", y = "x") + theme_minimal()
```

また下記のコードは図 1.16 の高精度な 3D カラーグラフを描いてくれる。
もし $\theta, \phi$ などの値を変えてみれば, また異なる視角のグラフが得られる。

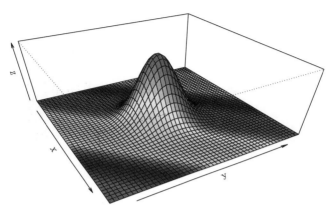

図 1.16　3D 画像のプロット

---

┌─ 3D 画像のプロット ───────────────────┐

```
require(grDevices)
x<-seq(-5,5,length=50); y<-x;
f <- function(x,y) {r<-(1/2*pi)*exp(-x^2/2-y^2/2)}
{ z<-outer(x,y,f);
  persp(x,y,z,,theta=60,phi=35,expand=0.5,col=rainbow(50))}
```

└───────────────────────────────────┘

実際, 複雑なコードを正しく入力し, 場合によっては, デバッグを行うことも
プログラミングの重要なスキルとなる。

## 1.5　パッケージのインストール

R には多くの特殊な問題を解くためのパッケージが開発されている。例え
ば, 2 次計画法を解くためのパッケージは quadprog がある。多変量分析に

は MASS がある。DEA, SFA 法には Benchmarking がある等々，様々なパッケージが開発され，便利に利用することができる。

一般的にパッケージ利用にあたっては，2つのケースが想定できる。1）パッケージはすでにコンピュータにインストールされている。2）パッケージはまだコンピュータにインストールされていない。

1) の場合，library というコマンドを使い，パッケージを読み込む。例えば，2次計画法問題を解くパッケージ quadprog の読み込みには以下になる。

パッケージ quadprog の読み込み

```
> library(quadprog)
```

2）の場合は，図 1.17 のようにメニューバーのパッケージインストールボタンをクリックし，ダウンロード先を指定する (画面の右のリストから，例えば，Austria を選択する)。次にそのパッケージ名を指定する (例えば, quadprog)。そしてダウンロードを行う。コンソール画面にはインストールの進捗状況が表示されていて，インストールが無事に終われば，画面に完了メッセージが表示される。

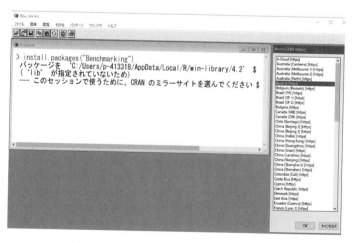

図 1.17 R のパッケージインストール画面

　あるいはコンソール画面で, パッケージをインストールさせるコマンドを入力する方法もある。

```
┌ パッケージ quadprog のインストール ────────────
│ > install.packages("quadprog",denpendencies=TRUE)
└
```

　総じて, パッケージの利用にあたっては, 以下のようなステップが必要である。

(1)PC へのフリーソフト R の導入

(2) 利用したいパッケージのインストール

(3) パッケージの読み込み

(4) 利用するデータのフォーマットの整理

(5) プログラム (Script) の作成および実行

(6) 得られた結果の吟味

## 1.6　プログラミングの処理文

　以下にプログラミングに用いられる繰り返し制御文と条件分岐文を示す。

[例題 **1.15**] for 文を用いて 1 から 100 までの数の和を求める。

```
┌ for 文 ──────────────────────────
│ sum=0      #初期値の設定
│ for (i in 1:100)   #繰返し回数の設定
│ {
│         sum=sum+i    #繰返し回数の処理
│ }
│ sum     #結果の表示
│ >sum
│ [1]5050
└
```

プログラムを実行すれば, 5050 という値が得られた。

[例題 **1.16**]while 文を用いた繰り返し処理

```
─ while 文 ─────────────────
x=0;
#while 分は条件が満たされなければ繰り返し処理
while (x<100)
{
    x=x+1
}
x     #実行した結果を見る
>x
[1]100
```

[例題 **1.17**]if-else 文を利用した分岐への処理

```
─ if-else 文 ─────────────────
x <- 10
 if (x > 9) {     #条件式が真（True）のときに実行される部分
   prod(1:x)
 } else {
   sum(1:x)       #条件式が偽（False）のときに実行される部分
 }
>sum             #実行したら以下の結果が返される
>[1] 3628800
```

いま, $x > 9$ が成立するので, prod(1:x) の分岐が実行され, そして prod(1:10) の答え 3628800 が得られた。

　もっとケースを分けて処理したい場合は，switch 文が利用できる。詳細は help(switch) で参照して下さい。

◇ **本章の学習ポイント** ◇

- コンソール画面での簡単な計算，図の作成，図の保存
- スクリプトエディターでのプログラム作成
- データファイルの読み込みと書き込み
- パッケージのインストール方法
- プログラミングの常用処理文
- help コマンドでの他のコマンドの使い方

# 第 I 部

# 企業経営の数量的評価手法

# 第2章

# 回帰分析

## 2.1　回帰分析の基本

R では, 回帰分析を行うには, あらかじめ以下の関数が用意されている。

(1)lsfit は最小二乗法を用いてデータをフィットする。

(2)lm は線形モデルをフィットする。

(3)glm は一般線形モデルをフィットする。

[例題 2.1] R が用意してくれた trees というデータセットを用いて重回帰分析のプログラムを示しておく。

ここで, 変数 Girth, Height, Volume はそれぞれ各々のツリーの太さ, 高さ, ボリュームの値である。

データセット trees の中身および各変数間の図示

```
> trees
    Girth Height Volume
1    8.3     70   10.3
2    8.6     65   10.3
中略
31  20.6     87   77.0
> plot(trees)
```

plot 関数を用いて，まずはデータセットの全体図 2.1(各変数間の関係) を
示す。

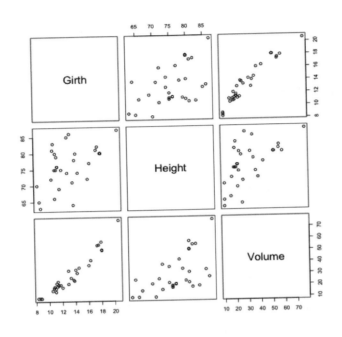

図 2.1 trees の各変数間関係図

目的変数 Volume は説明変数 Girth と Height に影響を与えていると考えて，
回帰式を次のようにセットする。すなわち，

$$Volume = a_0 + a_1 Girth + a_2 Height + \epsilon \tag{2.1}$$

コードを書くとき，回帰関数などでは説明変数 1 つのみの場合は，
Volume~$Girth$ と書くが，説明変数が複数の場合は，変数間で "+" でつなぎ
合わせる。 すなわち，Volume~ Girth+Height と表現する。従って，プログラ
ム及び実行結果は以下のようになる。

┌─ 回帰分析の結果 ─────────────────────

```
> result <- lm(Volume ~ Girth+Height, data = trees)
> result   #推定された値のみを見る
Call:
lm(formula = Volume ~ Girth + Height, data = trees)
Coefficients:
(Intercept)       Girth        Height
   -57.9877       4.7082       0.3393
```

└──────────────────────────────────

┌─ 回帰分析の詳しい情報の出力 ──────────────

```
>  summary(result)
Call:
lm(formula = Volume ~ Girth + Height, data = trees)
Residuals:
     Min      1Q  Median      3Q     Max
 -6.4065 -2.6493 -0.2876  2.2003  8.4847
Coefficients:
              Estimate Std. Error t value Pr(>|t|)
(Intercept) -57.9877      8.6382  -6.713 2.75e-07 ***
Girth         4.7082      0.2643  17.816  < 2e-16 ***
Height        0.3393      0.1302   2.607   0.0145 *
Signif. codes:0 '***' 0.001 '**' 0.01 '*' 0.05 '.' 0.1 ' ' 1
Residual standard error: 3.882 on 28 degrees of freedom
Multiple R-squared:  0.948
Adjusted R-squared:  0.9442
F-statistic: 255 on 2 and 28 DF,  p-value: < 2.2e-16
```

└──────────────────────────────────

　従って，上記の回帰係数はそれぞれ $\alpha_0 = -57.9877, \alpha_1 = 4.7082, \alpha_2 = 0.3393$ と推定されたことが分かる。

　回帰分析のあてはめの良さを示す統計的指標は色々あるが, 主に $t$ 値や, 自由度調整済決定係数 (Adjusted R-squared) , F 統計量などが挙げられる。

　今回の解析から得られた統計量を見れば, モデル設定の適切性は十分にサポートされていることは明らかであろう。

[例題 2.2] データセット cars(制動距離とスピードとの関係) を用いて回帰分析かいきぶんせき@回帰分析を行い, 図 2.2 のように信頼区間を示す。

制動距離とスピードとの回帰分析結果および信頼区間

```
library(MASS)
reg.cars<-lm(dist~speed,data=cars)
summary(reg.cars)
plot(cars$speed, cars$dist, xlab="speed", ylab="dist")
abline(reg.cars)
pred.conf.cars<-predict(reg.cars,interval="confidence",
level=0.95)
pred.conf.cars<-as.data.frame(pred.conf.cars)
matplot(pred.conf.cars,type="l")
```

　R では関数 predict が予測によく利用されている。図 2.2(下) では, 得られた回帰結果を利用して predict 関数を用いて 95% の信頼区間を出している。また predict でモデルの予測値を得ることもできる。

制動距離とスピードとの予測値

```
> predict(reg.cars)
          1          2          3          4          5
-1.849460  -1.849460   9.947766   9.947766  13.880175
中略
         46         47         48         49         50
76.798715  76.798715  76.798715  76.798715  80.731124
```

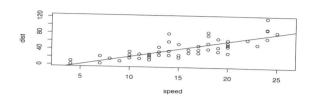

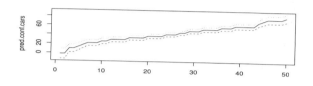

図 2.2　回帰直線図 (上) と信頼区間 (下)

　また回帰分析は以下の行列を用いても同じ計算結果が得られる。興味のある
読者は試してみてください。

行列を用いた計算: $B = (X'X)^{-1}X'Y$

```
library(MASS)
X<-cbind(1,cars$speed)
Y<-cars$dist
tX<-t(X)      #行列の転置
M<-tX%*%X      #"%*%"は行列の掛け算の演算子
N<-solve(M) #逆行列を求める
#あるいは逆行列を N<-ginv(M) でも求めることもできるが
#ただし，その場合は library(MASS) が必要
B<-N%*%tX%*%Y
```

上記コードを実行すると，lm コマンドと同じ結果が得られることが確認で

きる。

```
┌─ 行列を用いた計算結果 ─────────────────────
│ > reg.cars    #lm の結果
│ Call:  lm(formula = dist ~ speed, data = cars)
│ Coefficients:
│ (Intercept)          speed
│     -17.579          3.932
│ > B    #行列計算の結果
│            [,1]
│ [1,] -17.579095
│ [2,]   3.932409
└─────────────────────────────────────────
```

## 2.2  企業経営への回帰分析の適用

　実際の企業経営の例を挙げながら, 経営データを用いた回帰分析を試みよう。
下記の 2 つのベクトル $x, y$ をそれぞれ 7 社の企業の投入と産出であるとする。
投入は例えば, 労働 (Labour) や資金 (Capital) などが考えられる。産出は売
上, あるいは税引前経常利益などが想定される。

```
> x <- matrix(c(100,200,300,500,100,200,600),ncol=1)
> y <- matrix(c(75,100,300,400,25,50,400),ncol=1)
```

　そして, 産出 / 投入の比 $(y/x)$(経営効率性) を見よ。

```
> t(y/x)
     [,1] [,2] [,3] [,4] [,5] [,6]      [,7]
[1,] 0.75  0.5    1  0.8 0.25 0.25 0.6666667
```

　ここで, 関数 $t$ は行列の回転を行う関数で, t(y/x) の実行により, 行列の回転
したものを表している。

以上の比率から 3 番目の企業の経営効率が最も良いことは一目瞭然である。図 2.3 は各企業の投入-産出の比率を示している。

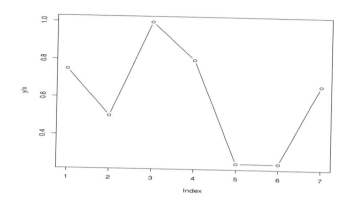

図 2.3　7 社の投入-産出比

これを念頭におきながら，産出 $y$ と投入 $x$ を用いて回帰分析を行う。

企業の投入-産出回帰分析

```
> reg.dea<-lm(y~x)
> summary(reg.dea)
Call: lm(formula = y~x)
Residuals:
      1      2      3      4      5      6      7
  31.88 -23.75  95.62  34.37 -18.13 -73.75 -46.25
Coefficients: Estimate Std. Error t value Pr(>|t|)
(Intercept) -37.5000     44.5112   -0.842  0.43795
x             0.8062      0.1317    6.123  0.00168 **
Signif.codes:0 '***' 0.001 '**' 0.01 '*' 0.05 '.' 0.1 '' 1
```

┌─ 企業の投入-産出回帰分析 (続き) ─────────────

Residual standard error: 62.95 on 5 degrees of freedom
Multiple R-squared:  0.8823,Adjusted R-squared:  0.8588
F-statistic:  37.5 on 1 and 5 DF,  p-value: 0.001685

そして，以下のコマンドで各企業の投入と産出の回帰グラフを描く。

┌─ 企業の投入-産出回帰グラフ ─────────────

```
> plot(x,y,xlab="Input",ylab="Output",type="p")
> abline(reg.dea)
```

　この図 2.4 から分かるように，回帰分析は，ある意味では各企業の「平均像」しか描いていない。なぜなら，その 7 社の中で，本当は 3 番目の企業の経営効率が一番良いのであるが，回帰分析では，そのような代表的な企業を注目して，見つけ出すことができないのは明らかであろう。ただし，この問題は後述する DEA の解析手法で解決できる [4]-[7]。

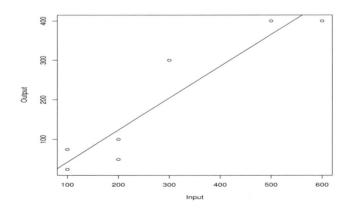

図 2.4　7 社の企業に関する投入-産出図

## 2.3 ロジスティック回帰分析

あるイベントの発生する確率を予測するには，一般的にロジスティック回帰を用いる [8]。イベントが生起する確率を $p$ とし，生起しない確率を $1-p$ とし，$k$ 個のファクターがあるとすると，下式のような関係が成り立つ場合がある。すなわち

$$ln(\frac{p}{1-p}) = \beta_0 + \beta_1 x_1 + ... + \beta_k x_k \tag{2.2}$$

となるが，従って

$$\frac{p}{1-p} = e^{\beta_0 + \beta_1 x_1 + ... + \beta_k x_k} \tag{2.3}$$

が得られ

$$p = \frac{e^{\beta_0 + \beta_1 x_1 + ... + \beta_k x_k}}{1 + e^{\beta_0 + \beta_1 x_1 + ... + \beta_k x_k}}$$
$$= \frac{1}{1 + e^{-(\beta_0 + \beta_1 x_1 + ... + \beta_k x_k)}} \tag{2.4}$$

となる。

式 (2.2) の左辺は logit と呼ばれることがある。またオッズ (odds) は次のように定義される。

$$オッズ = \frac{p}{1-p} \tag{2.5}$$

一方，オッズ比 (odds ratio) とは異なる両群 A, B 間のオッズの比と定義され，すなわち

$$オッズ比 = \frac{odds_A}{odds_B} \tag{2.6}$$

となる。

ロジスティック回帰は一般的には関数 glm を用いる。使い方は以下の例題で示すが，詳細をもっと知りたい場合は help(glm) でコマンドの詳しい情報を確認すればよい。

[例題 **2.3**] 会社が倒産するかどうかの確率は，経営・財務指標を用いたロジスティック回帰で解析できる。シンプルにするために指標を 1 つにするが，複数の指標への拡張もできる。delta には非倒産会社 (0), 倒産 (1) というインデクス値が入っていて，xx にはそれに対応したその会社の指標が入っている。

プログラムと実行結果は次のようになる。

```
─ 倒産分析 ──────────────────
delta=c(1,1,1,1,1,1,1,0,0,0,0,0,0,0,0,0,1,0,0,1)
xx=c(1.203,0.993,1.053,0.881,0.896,0.693,0.588,0.403,0.617,
0.563,0.264,0.550,0.720,0.670,0.593,0.741,0.865,0.259,0.359,
0.762)
bankruptcy_rec=glm(delta~xx,family=binomial(link="logit"))
summary(bankruptcy_rec)
```

```
─ 実行した結果 ──────────────────
>summary(bankruptcy_rec)
Call:
glm(formula = delta ~ xx, family=binomial(link="logit"))
Deviance Residuals:
     Min        1Q     Median        3Q        Max
-1.36672   -0.47130   -0.04639    0.35627    2.01298
Coefficients: Estimate Std. Error z value Pr(>|z|)
(Intercept)    -10.798      5.117   -2.110    0.0348 *
xx              15.159      7.260    2.088    0.0368 *
Signif.codes:0 '***' 0.001 '**'  0.01 '*' 0.05 '.' 0.1 ' ' 1
(Dispersion parameter for binomial family taken to be 1)
    Null deviance: 27.526  on 19  degrees of freedom
Residual deviance: 12.363  on 18  degrees of freedom
AIC: 16.363 Number of Fisher Scoring iterations: 6
```

そして以下のコマンドで図を描く。

┌─ 倒産分析のグラフ作成 ─────────────

```
a=bankruptcy_rec$coefficients[1]
b=bankruptcy_rec$coefficients[2]
plot(xx,delta,xlim=c(0,1.5),ylim=c(0,1),xlab="xx",ylab="p")
curve(1 / (1 + exp(-(b* x +a))), add=TRUE)
```

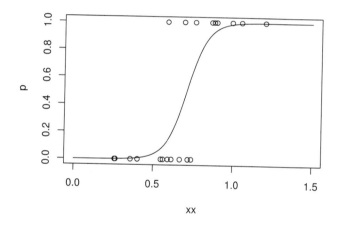

図 2.5 倒産確率と経営指標との関係

図 2.5 には, 確率 $p$ の曲線が描かれている。

各社の確率を確かめたいときは, fitted(bankruptcy_rec), あるいは $\frac{1}{(1+exp(-(b*xx+a)))}$ と入力すれば, 両者は同じ結果を出してくれる。個別の会社の場合は指標を後者に代入すればよい。ここで, 関数 fitted は取得したパラメータを使い, データの確率を計算する。

倒産確率の計算

```
> fitted(bankruptcy_rec)
          1             2             3             4             5
0.999412144   0.986004789   0.994316655   0.928047884   0.941831090
          6             7             8             9            10
0.427293373   0.131855696   0.009110670   0.190768489   0.094179619
         11            12            13            14            15
0.001116626   0.078658817   0.529068094   0.344891462   0.140776886
         16            17            18            19            20
0.607008080   0.910073325   0.001035201   0.004696761   0.679854335
#ページ幅の関係で以下の結果は小数点8桁まで四捨五入
> 1 / (1 + exp(-(b* xx +a)))
[1]0.99941214  0.98600479  0.99431666  0.92804788  0.94183109
[6]0.42729337  0.13185570  0.00911067  0.19076849  0.09417962
[11]0.00111663  0.07865882  0.5290681   0.34489146  0.14077689
[16]0.60700808  0.91007333  0.0010352   0.00469676  0.67985434
```

[**例題 2.4**] 共通テスト得点数とある大学の合格率との関係の解析を試みる。プログラムの中の変数 scores, n, s はそれぞれ区間ごとの受験者の共通テスト得点数, 受験者数, 合格者数とする。

合格率の解析

```
scores=seq(640,850,15)
maxs=max(scores)+15; mins=min(scores)-15
n=c(10,20,25,31,20,26,28,30,41,55,53, 47,45, 30, 20)
s=c(0,1,1,2,6,9,15,18,33,45,49,43,43,29,20)
rec=glm(cbind(s,n-s)~scores,family=binomial(link="logit"))
summary(rec)
```

┌─ 実行結果 ────────────────

```
Call:
glm(formula=cbind(s,n-s)~scores,family=
binomial(link="logit"))
Deviance Residuals:
    Min      1Q    Median      3Q       Max
 -1.2272  -0.6506  -0.2061   0.5671    0.9049
Coefficients: Estimate Std. Error z value Pr(>|z|)
(Intercept) -28.814216    2.531534   -11.38    <2e-16 ***
scores        0.039324    0.003395    11.58    <2e-16 ***
Signif.codes:0 '***' 0.001 '**' 0.01 '*' 0.05 '.' 0.1 ' ' 1
(Dispersion parameter for binomial family taken to be 1)
    Null deviance: 279.4734  on 14  degrees of freedom
Residual deviance:    6.8438  on 13  degrees of freedom
AIC: 50.441
Number of Fisher Scoring iterations: 4
```

図 2.6 のなかで，点は実際の合格比率で，実線は推定されたロジスティック
曲線である。次のコードで図 2.6 のグラフを描く。

┌─ グラフを描く ────────────────

```
a=s_rec[1]$coefficients[1]
b=s_rec[1]$coefficients[2]
rate=s/n
plot(scores,rate,xlim=c(mins,maxs),ylim=c(0,1),
xlab="Score",ylab="p")
curve(1 / (1 + exp(-(b* x +a))), add=TRUE)
```

この解析の結果から，共通テストの得点数が高ければ高いほど，この大学
に合格する確率も高くなることが明らかになった。およそ 750 点があれば，

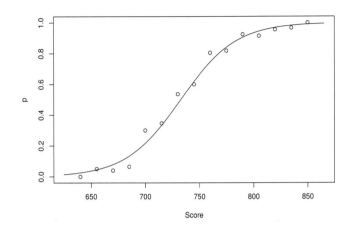

図 2.6　共通テスト得点数と合格確率

$60\%$ の確率で合格するだろう。実際の得点数を $p$ に代入すれば, その合格確率を推測できる。

　従って, 過去の試験結果や, 塾の模試の結果などに基づき, フィットされたロジスティック回帰モデルは進学のアドバイスなどにも役に立つだろう。

[**例題 2.5**] タイタニック号の生存データ解析

　タイタニック号の生存データを用いて, ロジスティックモデルにあてはめてみよう。まず, 以下のコマンドを入力してデータの中身を確認する。

```
> data(Titanic)
> Titanic
, , Age = Child, Survived = No
      Sex
Class  Male Female
  1st    0      0
```

```
 2nd       0       0
 3rd      35      17
 Crew      0       0
```
中略
```
, , Age = Adult, Survived = Yes
        Sex
Class  Male Female
  1st    57    140
  2nd    14     80
  3rd    75     76
  Crew  192     20
```

そして，Titanic データをデータフレーム t_data に読み込んで展開していく。ここの Freq は発生の頻度を意味する。

```
┌─ データの中身 ─────────────────────────────
│
│  > t_data<-data.frame(Titanic)
│  > t_data
│     Class     Sex    Age Survived Freq
│  1    1st    Male  Child      No    0
│  2    2nd    Male  Child      No    0
│  3    3rd    Male  Child      No   35
│  中略
│  30   2nd  Female  Adult     Yes   80
│  31   3rd  Female  Adult     Yes   76
│  32  Crew  Female  Adult     Yes   20
│
└─────────────────────────────────────────
```

さらに t_data から船室クラス，性別，年齢，生存したかどうかの順にデータフレーム Titanic_S を作成して個々のデータを展開し，ロジスティック回帰用のデータを準備する。

```
┌─ データの準備 ──────────────────────────┐
│ > Titanic_S<-data.frame(               │
│ Class=rep(t_data$Class,t_data$Freq),   │
│ Sex=rep(t_data$Sex,t_data$Freq),       │
│ Age=rep(t_data$Age,t_data$Freq),       │
│ Survived=rep(t_data$Survived,t_data$Freq)) │
│ > Titanic_S                            │
│      Class    Sex    Age Survived      │
│ 1      3rd   Male  Child      No       │
│ 2      3rd   Male  Child      No       │
│ 3      3rd   Male  Child      No       │
│ 中略                                    │
│ 2197  Crew Female  Adult     Yes       │
│ 2198  Crew Female  Adult     Yes       │
│ 2199  Crew Female  Adult     Yes       │
│ 2200  Crew Female  Adult     Yes       │
│ 2201  Crew Female  Adult     Yes       │
└────────────────────────────────────────┘
```

　上のデータ整理で得られた 2,201 個のレコードを用いてロジスティック回帰分析を行う。

```
┌─ 生存者解析 ──────────────────────────────┐
│ sur_reg<-glm(Survived~.,data=Titanic_S,family=binomial) │
│ #あるいは Survived~Class+Sex+Age でも OK   │
│ summary(sur_reg)                          │
│ #パラメータの信頼区間の表示                  │
│ confint(sur_reg)                          │
└────────────────────────────────────────────┘
```

　上記コードを実行すると，下記の解析結果が得られた。

┌─ 生存者解析の結果 ─────────────────────────────

```
Call:
glm(formula=Survived~.,family = binomial,data=Titanic_S)
Deviance Residuals:
    Min      1Q    Median      3Q       Max
-2.0812  -0.7149  -0.6656   0.6858    2.1278
Coefficients: Estimate Std. Error z value Pr(>|z|)
(Intercept)   0.6853      0.2730    2.510    0.0121 *
Class2nd     -1.0181      0.1960   -5.194 2.05e-07 ***
Class3rd     -1.7778      0.1716  -10.362  < 2e-16 ***
ClassCrew    -0.8577      0.1573   -5.451 5.00e-08 ***
SexFemale     2.4201      0.1404   17.236  < 2e-16 ***
AgeAdult     -1.0615      0.2440   -4.350 1.36e-05 ***
Signif. codes:0 '***' 0.001 '**' 0.01 '*' 0.05 '.' 0.1 ' ' 1
(Dispersion parameter for binomial family taken to be 1)
    Null deviance: 2769.5  on 2200  degrees of freedom
Residual deviance: 2210.1  on 2195  degrees of freedom
AIC: 2222.1; Number of Fisher Scoring iterations: 4
```

┌─ 生存者解析の回帰係数の信頼区間 ────────────────

```
> confint(sur_reg)
Waiting for profiling to be done...
                2.5 %       97.5 %
(Intercept)   0.1494425   1.2208036
Class2nd     -1.4052474  -0.6364156
Class3rd     -2.1175898  -1.4445910
ClassCrew    -1.1662816  -0.5490908
SexFemale     2.1485860   2.6993511
AgeAdult     -1.5413772  -0.5835884
```

あるいは次のコマンドでも，回帰係数の信頼区間を出力することができる。

回帰係数の信頼区間

```
> confint.default(sur_reg)
                    2.5 %       97.5 %
(Intercept)    0.1502621   1.2203768
Class2nd      -1.4022419  -0.6339480
Class3rd      -2.1140248  -1.4414997
ClassCrew     -1.1660542  -0.5492981
SexFemale      2.1448631   2.6952576
AgeAdult      -1.5398220  -0.5832627
```

また以下のコマンドで生存者のオッズを調べる。

生存者解析のオッズ

```
#Odds ratios
> exp(sur_reg$coefficients)
(Intercept)Class2nd Class3rd ClassCrew  SexFemale AgeAdult
1.9844057 0.3612825 0.1690159 0.4241466 11.2465380 0.345922
```

以上の解析結果から，他の条件が同じであることを前提にすると，オッズ比により，女性の生存オッズは男性の 11 倍以上であることと，大人の生存オッズは子供より低く，子供の生存オッズは大人より 3 倍近く高くなることが明らかになった。

タイタニック号は乗客・乗員数に対して，救命ボート数が足りなかったことが指摘されている。 なぜ十分な救命ボートを用意しなかったかというと，船体の 4 つの区画が浸水しても沈没しないと信じ込まれていたからのようだ。

船舶運行会社にとって，性別や，子供，大人などを問わずに，全乗船者の救助される確率をいかに高めていくのかという経営の大きな課題が浮き彫りになった。

## 2.4 経営・財務指標

　実際, ロジスティック回帰分析は, 経営・経済の分野では多く利用されている。例えば, 倒産分析や債券デフォルト確率などの分野が挙げられる。

　多くの経済データベースでは, 上場企業の公表された経営・財務データを収録している。それらのデータに基づき, 企業の経営・財務指標を算出できる。検索方法としては以下のようになる。

　1) 検索にあたっては, ある上場企業の証協コード (例えば, 日立製作所：6501) を入力しサーチする。

　2) ある業種 (例えば, 金融機関, 電力会社) を指定して検索すると, 所属の企業データを一括で入手できる。

　日経 225 の構成メンバーは, ほぼ毎年入れ替えがある。一般的には業績の悪い企業がリストから外されて, 新たに業績の良い企業が採用される。経験的に言うと, 日経指数が高くなるように構成メンバーが調整されているのである。アメリカの DOW 平均指数も同じことと言えよう。

　以下では各種の財務指標を大まかに分類しておく。

　1. 収益力を表す指標

　1) 売上高総利益率

　2) 売上高営業利益率

　3) 売上高経常利益率

　4) 売上高当期純利益率

　5) 自己資本利益率 (ROE)

　6) 原価率＝売上原価÷売上高

　7) 売上高人件費率

　8) 使用総資本事業利益率

　9) 輸出比率・海外売上高比率

　10) 社内留保率

　11) 配当余力

　など

2. 安全性を表す指標

1) 株主資本比率

2) 流動比率

3) 固定比率

4) 有利子負債依存度

5) 負債比率

6) 売上債権対買い入れ債務の比率

など

3. 効率性を表す指標

1) 使用総資本回転率

2) 株主資本回転率

3) 売上債権回転月数

4) 棚卸資産回転月数

など

4. 生産性を表す指標

1) 損益分岐点売上高

2) 損益分岐点の比率

3) 付加価値率

4) 従業員 1 人当たり売上高

5) 従業員 1 人当たり人件費

6) 従業員 1 人当たり経常利益

7) 従業員 1 人当たり付加価額

など

5. 成長性を表す指標

1) 増収率

2) 営業増益率

3)EPS( 1 株当たり当期純利益率)

4)PER(株価収益率)

5)PBR(株価純資産倍率)

6) 配当利回り

7) 連単倍率

など

6. 発展性・発展力指標

1) 売上と利益の継続的な伸び率

2) 研究開発への投入など (人材, 特許, 成果 etc)

など

　上述したように, ある企業が倒産するか否か, ある債券がデフォルトかどう
かといった問題は目的関数値が 0 か 1 かしか取らない 2 値問題に帰着する。

　一方, 格付け機関, 例えば, Moody's, S&P, R&I, JCR などは各種の社債, あ
るいは国債について分析し, その債券信用度である格付けのランキング (主な
ランクとしては AAA, AA, A , BBB…CCC, CC, C など) を公表している。
債券格付けへの評価など, 3 種以上の目的関数値のある場合には多項ロジス
ティック回帰分析 (Multiple Logistic Regression Analysis) を適用できる。こ
の場合はよく使われるパッケージとして nnet および VGAM が挙げられる。
パッケージ nnet はニューラルネットの学習や予測などにも利用されている。

　一般的には以下のようにプログラムを書く。

```
vglm の一般式
library(VGAM)
multi.fit = vglm(変数 1~変数 2+...+ 変数 k,multinomial,
data=データセット名)
summary(multi.fit)
```

　ロジスティック回帰分析のほか, 生存分析 (Survival Analysis) のハザード
分析 (Hazard Analysis) や, ニューラルネット (Neural Network) などの手法
を用いて解くこともできる。

　場合によっては, 判別分析のほうが正解率が高いが, しかしロジスティック
回帰モデルは等分散などの制約条件が必要でないというメリットが知られて
いる。

[**演習問題**] 上場企業の経営・財務指標を計算し, 黒字企業, 赤字企業をロジスティック回帰モデルで当てはめてみよ。

◇ **本章の学習ポイント** ◇

- 多重回帰分析を用いたデータ解析
- ロジスティック回帰を用いたデータ解析
- オッズの意味
- 関数 lm, glm の使い方

# 第 3 章

# DEA アプローチ

本章はデータ包絡分析法 (DEA: Data Envelopment Analysis) を用いた企業評価の概要を述べる。 この DEA による企業間経営効率性の比較や，さらに経営改善案の提示において，ほかの分析法より，異なる単位を有する項目間の比較も扱えるなどの長所が注目されている [4]-[7]。

DEA を用いた企業評価は，多くの分野で応用されている一方，線形計画法 (LP: Linear Programming) を中心とした DEA の計算については，これまで有料ソフトを利用して計算するケースが多かった。しかし性能価格比を考えると，やはり R パッケージ Benchmarking を活用したほうが有料計算アプリよりも，コストを抑え，かつ明瞭な解析結果を得ることができる [6]。

以下ではまず，DEA の数学モデルの概要をまとめ，次にパッケージ Benchmarking の実装の手順や，計算によく利用される関数などを説明し，数値例を用いてパッケージの利用法および計算結果を示す。

## 3.1 DEA の概略

DEA は 1978 年に A. Charnes, W. W. Cooper および E. Rhodes によって，提案された CCR モデル (3 人の名前の頭文字) として広く利用されている。 日本では, DEA を用いた企業・事業体 DMU(Decision Making Unit) の経営効率評価に関する研究は多くなされている。具体的な例としては，銀行,

大学, 病院, 図書館, デパートなどといった DMU が同一業種内における経営効率の評価が多い [4][5]。

　基本的な考え方は, 出力 ($Y$) と入力 ($X$) の比を測定し, その値を経営効率値 $\theta$ とする。比較たる同業種企業数を $n$ とする。すなわち,

$$\theta = \frac{仮想出力}{仮想入力} \tag{3.1}$$

となる。式 (3.1) において, $k$ 番目の企業の仮想出力 $Y$

$$\Sigma_{i=1}^{s} u_i y_i = u_1 y_1 + u_2 y_2 + \cdot\cdot\cdot + u_s y_s \tag{3.2}$$

同様に式 (3.1) の $k$ 番目の企業の仮想入力 $X$

$$\Sigma_{i=1}^{r} v_i x_i = v_1 x_1 + v_2 x_2 + \cdot\cdot\cdot + v_r x_r \tag{3.3}$$

　この定義から, $\theta$ が大きければ大きいほど, 経営効率が良いということは明らかである。一方, 入力と出力はそれぞれ, 入力された各要素の加重和 ($\Sigma_{i=1}^{r} v_i x_i$, $r$ 個入力), 出力された各要素の加重和 ($\Sigma_{i=1}^{r} u_i y_i$, $s$ 個出力) を用いて計算される。例えば, デパートの場合を例にすると, 入力の各要素は売り場面積, 従業員数, 店舗数などが考えられる。出力は売上や会員メンバー数などが考えられる。銀行の場合は, 入力は店舗面積, 店舗数, 従業員数や資本金など, 出力は預金残高, 貸付金, 経常利益などがそれぞれ考えられる。

　また上記の加重出力と加重入力はそれぞれ仮想出力, 仮想入力と呼ばれている場合がある。さらに $\theta$ 値を 0 から 1 までの範囲に限定するため, すべての仮想出力は仮想入力より小さいと仮定されている。すなわち,

　(すべての企業の ($k = 1, 2, \cdots n$, 比較グループの対象企業数は $n$ 社))

$$仮想出力 k \leqq 仮想入力　k \tag{3.4}$$
$$仮想入力 = 1 \tag{3.5}$$

　そうすると, 元の分数計画法を線形計画法に変換される。

　ここまでは, DEA アプローチの基本的な数学モデルとなるが, もっと詳しい数式の展開は DEA の関連書籍, 例えば, 刀根薫先生の著書 [5] を参照されたい。

DEA を用いた企業評価の大きなメリットとしては, 非効率的企業が効率的企業を参照してより効率化にするための改善案が得られることであろう。

## 3.2 DEA の計算ソフト

表計算ソフトが登場する前には, FORTRAN, C などの大型計算機をベースとしたコンピュータ言語が用いられていて, 線形計画 (LP: Linear Progmming) 問題を解くプログラムを作成しなければならなかった。

その後, 科学計算用ライブラリが開発されることにより, 例えば, 富士通の SSL(Scientific Subroutine Library) の登場で, ユーザにとって, だいぶん手間が省けるようになった。しかしさほど複雑な計算を行わない場合でも, 分厚いライブラリ手引書を参照しながら, プログラム編集, コンパイル, デバッグをせざるを得なかったことは, やはり理系以外のユーザにとっては, 敷居が高かったと言えよう。

表計算ソフト EXCEL のソルバーを用いて DEA をはじめとする LP 問題を解くことができる一方, LP の制約条件数が多い場合はやはりセルの設定や, 式の入力などは煩わしいと言わざるを得ない。

理工系計算ソフトウェア (有料) には, LP を解く機能を有するものも多いが, 個人ユーザにとっては高価なものも多く, 予算制約のある場合はやはり性能価格比は低くなると思われる。しかし R のパッケージ Benchmarking を用いると, DEA 問題が容易に計算できる。以下ではパッケージ Benchmarking を用いた DEA の解法を示しておく [6][12]。

まず, コンソール画面で以下のようにインストールのコマンドを入力する。

パッケージ Benchmarking のインストール

```
>install.packages("Benchmarking",dependencies = TRUE)
trying URL'https://cran.r-project.org/bin/macosx/el-capitan
/contrib/3.6/Benchmarking_0.29.tgz'
Content type'application/x-gzip' length 825981 bytes(806KB)
downloaded 806 KB
```

　ここで dependencies ＝TRUE は関連パッケージも入れるという設定である。上記メッセージが表示され，エラーがなければ，Benchmarking というパッケージの実装は完了する。search() コマンドなどでインストールされているパッケージや，今現在呼び出されているパッケージなどを確認してみればよい。利用するにあたっては library コマンドでパッケージを呼び出す。

```
> library(Benchmarking)
```

　Benchmarking を用いた DEA の計算でよく用いる関数 dea の形式は以下のようになる。

```
dea(X, Y, RTS=option)
```

　ここで，X と Y はそれぞれ入力と出力の変数マトリックスであり，RTS(Return To Scale) は DEA の各種モデルを選択できるように，例えば，規模に関して収穫逓増 (irs)，規模に関して収穫一定 (crs)，規模に関して収穫逓減 (drs) などが，このオプションで指定できる。

## 3.3　数値例

　ここでは DEA の数値例のプログラムとその結果を示しておく。

[例題 3.1] 第 2 章 2.2 節に回帰分析で取り上げた企業の経営効率の問題を再考する。ここで，$y$, $x$ はそれぞれ 7 社の出力と入力マトリックスである。

─ DEA による経営効率解析 ─────────

```
library(Benchmarking)
x <- matrix(c(100,200,300,500,100,200,600),ncol=1)
y <- matrix(c(75,100,300,400,25,50,400),ncol=1)
#xy 平面で各企業の座標を描くと同時にフロンティアを示す
dea.plot.frontier(x,y,txt=TRUE)
```

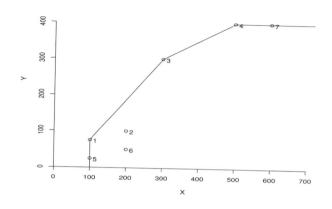

図 3.1　DEA のフロンティア

図 3.1 には, 直線でつながっている効率的企業のフロンティアを示している。一般的にはフロンティア線上にある企業は効率的企業 (効率値 1) であるが, しかし非効率的企業がたまにフロンティア線上にあることもある。例えば, 効率フロンティアから見て入出力の余剰, すなわち, スラック (Slack) のある企業 5 は企業 1 と投入は同じで, 産出は半分ぐらいしかない。また効率フロンティアの右下に位置している企業は非効率的企業である。

ここから各社の効率値 (eff(e)), 入力改善案 ((1-eff(e))*x(あるいは (1-e\$eff)*x でも同じ結果) の計算を行う。下記のコードを実行すると, 次頁の結果が得られる。

DEA による経営効率解析 (続き)

```
e <- dea(x,y)
eff(e)
summary(e)
(1-eff(e))*x   #(1-e$eff)*x でも同じ
```

┌─ DEA による解析結果 ─────────────────────────────

```
> e <- dea(x,y)
> eff(e)
[1] 1.0000 0.6111 1.0000 1.0000 1.0000 0.5000 0.8333


> summary(e)
Summary of efficiencies
The technology is vrs and input orientated efficiency
Number of firms with efficiency==1 are 4 out of 7
Mean efficiency: 0.849
  Eff range      #  %
  0.5<= E <0.6   1 14
  0.6<= E <0.7   1 14
  0.7<= E <0.8   0  0
  0.8<= E <0.9   1 14
  0.9<= E <1     0  0
       E ==1     4 57
   Min. 1st Qu.  Median    Mean 3rd Qu.    Max.
 0.5000  0.7222  1.0000  0.8492  1.0000  1.0000

> (1-eff(e)) * x
          [,1]
[1,]   0.00000
[2,]  77.77778
[3,]   0.00000
[4,]   0.00000
[5,]   0.00000
[6,] 100.00000
[7,] 100.00000
```

└──────────────────────────────────────────────

　ここで 7 社の効率値と非効率的企業に対してその改善案が示されている。改善案は前述した PDCA の中の Action(行動) に対応し，経営努力の行動指針を示したものと考えられる。具体的には，例えば，店舗数の削減などが挙げられる。

　一方，スラックのある企業は真の効率的企業とは言い難い。完全効率的企業とは eff=1 でありながら，しかもスラックなしの企業である。そこで次のコードで効率値 1 でスラックのある企業を取り除く。つまり，効率値 1 でスラック 50 のある 5 番目の企業が完全効率的企業から排除される。

DEA による解析結果 (続き)

```
> el <- dea(x,y,SLACK=TRUE)
> data.frame(e$eff,el$eff,el$slack,el$sx,el$sy)
      e.eff     el.eff el.slack sx1 sy1
1 1.0000000 1.0000000    FALSE   0   0
2 0.6111111 0.6111111    FALSE   0   0
3 1.0000000 1.0000000    FALSE   0   0
4 1.0000000 1.0000000    FALSE   0   0
5 1.0000000 1.0000000     TRUE   0  50
6 0.5000000 0.5000000     TRUE   0  25
7 0.8333333 0.8333333    FALSE   0   0
> which(eff(e) == 1 & !el$slack)
[1] 1 3 4
```

　すなわち，本当に効率値は 1 で，スラックのない効率的企業は 1, 3, 4 である。そして改善案はこの 1, 3, 4 に基づいて計算されたものとなる。この計算は宿題として考えてもらおう。

[例題 **3.2**] Charnes et al. (1981) の学校評価に関するデータの解析

　このデータセットは R が用意されている charnes1981 である。出力は $y1, y2, y3$ はそれぞれ各校の読解得点数, 数学得点数, 自己評価点数となり, 入

力は $x1, x2, x3, x4, x5$ はそれぞれ各校の母親の教育レベル，家庭メンバーの最高職位，保護者の学校訪問，学校関連の話題で子供と一緒に過ごした時間，教員数となる。コードおよび実行結果が次のようになる。また summary 関数によって，全学校の効率値範囲を示している。

学校教育への評価

```
data(charnes1981)
x<-with(charnes1981,cbind(x1,x2,x3,x4,x5))  #各校の入力項目
y<-with(charnes1981,cbind(y1,y2,y3))         #各校の出力項目
e<-dea(x,y)                                   #効率値を求める
```

上記プログラムの計算によって，各校の効率値が得られる。 効率的学校の効率値は 1 となる。

学校評価の結果

```
> e
[1]0.9621 0.9010 0.9348 0.9016 1.0000 0.9099 0.8914 0.9050
中略 [65]0.9754 0.9356 0.9462 1.0000 1.0000 0.9640
> summary(e)
Summary of efficiencies
VRS technology and input orientated efficiency
Number of firms with efficiency==1 are 27 out of 70
Mean efficiency: 0.953
  Eff range       #     %
  0.7<= E <0.8    1   1.4
  0.8<= E <0.9   11  15.7
  0.9<= E <1     31  44.3
       E ==1     27  38.6
  Min. 1st Qu.  Median    Mean 3rd Qu.    Max.
0.7929  0.9216  0.9637  0.9534  1.0000  1.0000
```

本章では DEA を用いた企業経営の効率性評価の概要をまとめ, パッケージ Benchmarking の利用を解説した。また具体例を用いながら, パッケージ利用の必要なステップやプログラムの作成, および計算結果などを示した。DEA アプローチは簡単明瞭で同業種企業間の経営効率を比較することができ, 経営効率性の比較による優位集合も得られる一方, 非効率企業に対する改善案も提示される。

[**演習問題**]2022 年 3 月 31 日までの全国銀行統計と各行の決算書から取得したデータを表 3.1 にまとめている。DEA による解析結果を示せ。

| 都市銀行 | A | B | C | D |
|---|---|---|---|---|
| 店舗数 (軒) | 555 | 798 | 972 | 473 |
| 従業員数 (人) | 21689 | 27145 | 25658 | 12281 |
| 当期純利益 (百万円) | 543183 | 1206447 | 715052 | 110118 |

表 3.1 企業 A, B, C, D のそれぞれの入出力

◇ **本章の学習ポイント** ◇

- 企業の経営効率を DEA 手法での評価
- パッケージ Benchmaking, 関数 dea
- 社会の現実の問題への応用

# 第4章

# SFA 手法

近年，経済・経営分析の関連分野においては，マクロ・ミクロ経済モデルなどに関するパラメータの統計的推定や，モデルによる試算・推計などといった総合的な数値解析，いわばコンピュテーショナルエコノミックスが台頭しつつある。

企業の経営効率分析とは，収集されたデータに基づき，企業経営に関わる様々なデータを抽出し，企業の経営効率性を評価することである。すなわち，生産性・コストコントロールの最適化 (産出・利潤の最大化，あるいは費用・コストの最小化) が実現されたかどうかを測ることである。経営効率 (経営パフォーマンス) への適切な評価を行うことによって，経営における不足面を改善し，経営のより効率化を図ることができるようになる。

以下では，企業経営の効率性評価において広く利用されている SFA(Stochastic Frontier Analysis) 手法について，そのやや複雑な数理モデルを解説・整理する。その上，R のパーケッジである Benchmarking を用いて，シミュレーションや実証分析などを含めた実例を挙げながら，SFA 手法を用いる場合によく利用されるコマンドやプログラミング手法を中心に展開していく。

第 1 節では，SFA の数理モデルの基本を取り上げる。第 2 節においてはパッケージ Benmarking の利用法と数値例を示す。第 3 節では，SFA 手法による日本全国各都道府県の生産効率評価の実証分析結果を示しておく [9]-[13]。

## 4.1　SFA の概略

SFA は Stochastic Frontier Analysis の略語で, 和訳は確率フロンティア分析法である。前述した DEA 手法に比べて, 確率的なノイズが導入された評価方法である。確率変量を導入することによって, ノイズへの対応ができる一方, 多出力ケースへの対応が難しくなり, また生産関数の型をあらかじめ仮定しないといけないのが, DEA と大きく異なるところであろう [9]-[13]。

まず, コブ-ダグラス (Cobb-Douglas) 型の生産関数 (Production Function) を思い出してみよう。ここで, $K$, $L$ はそれぞれ生産要素の資本と労働であり, $Y$ は産出であり, 両辺の対数を取ると,

$$Y = CK^\alpha L^\beta \tag{4.1}$$
$$lnY = lnC + \alpha lnK + \beta lnL \tag{4.2}$$

となる。

[例題 **4.1**] 40 社の投入要素 $K$(資本), $L$(労働) および $y$(産出) の対数値を生成し, 回帰分析による $logy = \gamma + \alpha logK + \beta logL + \epsilon$ の係数 $\alpha$, $\beta$, $\gamma(\gamma = lnC)$ を推定せよ。プログラムは以下のようになる。

生産関数の回帰分析
```
n <- 40
logK <- 3+rnorm(n,0,1)
logL <- 2+rnorm(n,0,1)
logy <- 1.5 + 0.7*logK+ 0.3*logL  +rnorm(n,0,1)
reg.result<-lm(logy~(logK+logL))
summary(reg.result)
```

上記コードによって, $K$, $L$, $y$ の値がシミュレートされ, それらに基づき, 回帰分析を行った。その結果は次の通りになる。

┌─ 生産関数の回帰分析結果 ─────────────────────

```
Call:
lm(formula = logy ~ (logK + logL))
Residuals:
     Min     1Q Median      3Q     Max
-1.1606 -0.7550 -0.1110  0.5807  1.8010
Coefficients:
               Estimate Std.Error t value Pr(>|t|)
(Intercept)      1.3941   0.4728    2.948  0.00551 **
logK             0.6383   0.1386    4.607 4.72e-05 ***
logL             0.4356   0.1405    3.101  0.00368 **
Signif.codes:0 '***' 0.001 '**' 0.01 '*' 0.05 '.' 0.1 ' ' 1
Residual standard error: 0.8597 on 37 degrees of freedom
Multiple R-squared:  0.4863,Adjusted R-squared:  0.4585
F-statistic: 17.51 on 2 and 37 DF,  p-value: 4.453e-06
```

以上の回帰分析結果から $\gamma$, $\alpha$, $\beta$ はそれぞれ 1.3941, 0.6383, 0.4356 となる
ことが分かる。もっと一般的に書くと,

$$InY = \beta_0 + \sum_{i=1}^{m} \beta_i lnX_i \tag{4.3}$$

と表すことができる, ここで $X_i$ は $i$ 番目の生産要素である。また, 上述した 2
つの確率要因をそれぞれ確率変数 $\nu$, $u$ として導入し, ここで, $\nu \sim N(0, \sigma_\nu^2)$ を
観測誤差項, $u \sim N^+(0, \sigma_u^2)$ を非効率性とすると,

$$lny_j = \beta_0 + \Sigma_{i=1}^{m} \beta_i lnx_{ij} + \nu_j - u_j \tag{4.4}$$

となり, $j(= 1...n)$ は $j$ 番目の企業を意味する。

よって, $\nu$ と $u$ の確率密度関数はそれぞれ,

$$f(\nu) = \frac{1}{\sqrt{2\pi}\sigma_\nu} exp\{-\frac{\nu^2}{2\sigma_\nu^2}\} \tag{4.5}$$

$$f(u) = \frac{2}{\sqrt{2\pi}\sigma_u} exp\{-\frac{u^2}{2\sigma_u^2}\} \tag{4.6}$$

となる。ただし, $u < 0$ のときは, $f(u) = 0$ となる。それらの同時密度関数は

$$f(u, \nu) = \frac{1}{\pi \sigma_u \sigma_\nu} exp\{-\frac{u^2}{2\sigma_u^2} - \frac{\nu^2}{2\sigma_\nu^2}\} \tag{4.7}$$

となる。　ここで $\xi = \nu - u$ とおくと,

$$f(u, \xi) = \frac{1}{\pi \sigma_u \sigma_\nu} exp\{-\frac{u^2}{2\sigma_u^2} - \frac{(u+\xi)^2}{2\sigma_\nu^2}\} \tag{4.8}$$

$$\begin{aligned} f(\xi) &= \int_0^\infty f(u, \xi) du \\ &= \int_0^\infty \frac{1}{\pi \sigma_u \sigma_u} exp\{-\frac{u^2}{2\sigma_\nu^2} - \frac{(u+\xi)^2}{2\sigma_\nu^2}\} du \end{aligned} \tag{4.9}$$

また, $\lambda = \frac{\sqrt{\sigma_u^2}}{\sqrt{\sigma_\nu^2}}, \sigma^2 = \sigma_u^2 + \sigma_\nu^2$ とすると,

$$f(\xi) = \frac{\sqrt{2}}{\sigma\sqrt{\pi}}(1 - \phi(\frac{\xi\lambda}{\sigma}))exp\{-\frac{\xi^2}{2\sigma^2}\} \tag{4.10}$$

あるいは

$$f(\xi) = \frac{\sqrt{2}}{\sigma\sqrt{\pi}}(\phi(-\frac{\xi\lambda}{\sigma}))exp\{-\frac{\xi^2}{2\sigma^2}\} \tag{4.11}$$

よって, 尤度関数 $L(\beta, \lambda, \sigma^2)$ は

$$L(\beta, \lambda, \sigma^2) = \prod_{j=1}^n f(\xi_j) \tag{4.12}$$

$$\begin{aligned} log(L(\beta, \lambda, \sigma^2)) &= \sum_{j=1}^n log(f(\xi_j)) \\ &= -\frac{n}{2}log(\frac{\pi}{2}) - \frac{n}{2}log\sigma^2 + \sum_{j=1}^n log\phi(-\frac{\lambda(y_j - f(x_j; \beta))}{\sqrt{\sigma^2}}) \\ &\quad - \frac{1}{2\sigma^2}\sum_{j=1}^n (y_j - f(x_j; \beta))^2 \end{aligned} \tag{4.13}$$

　パラメータを推定するために, 最尤法 (Maximum Likelihood) を利用する。最尤法の数値計算は, 様々なケースで計算手法が工夫されているが, Newton 法を用いた逐次代入法により, 尤度の最大値を求める方法が広く応用されている。

　また, 生産関数にはトランスログ, あるいは CES 生産関数が採用されている場合もあり, さらに生産性よりも費用・コストを重視する場合は, 費用関数 (Cost Function) を考慮し, ある一定の生産量に対してその費用・コストを最小化することを設定するモデルもある。

　さらに, $exp(-u)$ は, 非効率性であり, $\lim_{u \to \infty} exp(-u) = 0$ の時, 効率値 $D = 0$, 一方, $u = 0$ の時, $D = 1$ となる。しかし何らかの手法で $u$ 値を推定しないと, 各企業の経営効率値が得られない。

　これまで効率性に関わる $u$ の推定方法は

　1)TeBC: $E[e^{-u}|\epsilon]$,
　2)TeJ: $E[u|\epsilon]$ ,
　3)TeMode: $e^{pmin(0,-\mu^*)}$

といった推定方法が考案されている。すべての効率値に関する詳細の導出過程は煩雑なので, ここで割愛するが, 知りたい読者は参考文献を参照されたい [12]。

## 4.2　パッケージの利用と数値例

　R 言語には, 多くのパッケージが開発・公開されている。SFA 手法で利用するのは前述した DEA アプローチで利用した Benchmarking パッケージである。同じくパッケージを利用する前に, まず, パッケージのインストールが必要である。次に R コンソール, あるいは R のスクリプトを用いて, library(Benchmarking) というコマンドで, パッケージを読み込む。その次に, 解析対象となるデータセットの読み込み, そして解析コードを書くという流れになる [12][13]。

　**[例題 4.2]** 正規乱数を用いた SFA 法のシミュレーション解析
　関数 sfa(x,y) を用いて解析を行い, 関数 summary(sfa(x,y)) によって, 詳細

な解析結果をまとめる。企業数 $(n)$ は 50 社とする。

┌─ SFA 法のシミュレーション解析 ─────────────────

```
library(Benchmarking)
n <- 50
x1 <- 1:50 + rnorm(50,0,10); x2 <- 100 + rnorm(50,0,10)
x <- cbind(x1,x2)
y<-0.5+1.5*x1+2*x2+rnorm(n,0,1)-pmax(0,rnorm(n,0,1))
sfa(x,y)
```

┌─ SFA 法のシミュレーション解析の結果 ─────────────

```
> sfa(x,y)
Coefficients: (Intercept)              xx1          xx2
      -1.182          1.487          2.018
> summary(sfa(x,y))
            Parameters    Std.err    t-value   Pr(>|t|)
(Intercept)  -1.18179    2.06179   -0.573188     0.569
xx1           1.48742    0.01085  137.032837     0.000
xx2           2.01810    0.01198  168.518940     0.000
lambda        0.01764    2.31251    0.007629     0.993
sigma2        1.1236
sigma2v =  1.12327 ;  sigma2u =  0.0003495753
log likelihood =  -73.85586
Convergence=4; number of evaluations of likelihood
function 19; Max value of gradien: 0.09430119
Length of last step: 0
Final maximal allowed step length: 0.33075
```

　そして各企業に対する異なる定義の効率値の計算 (te=teBC) および表示は
次の通りになる。

┌─ 最初の 10 社の各種効率値 ─────────────────────

```
> o <- sfa(x,y)
> eff(o)
 [1] 0.9851398 0.9852687 0.9849763 0.9852490
 0.9851328 0.9852987 0.9852842
 [8] 0.9851902 0.9851721 0.9854656 0.9853176
 0.9852493 0.9852833 0.9851533
...
[36] 0.9852526 0.9852021 0.9851725 0.9851930
0.9851842 0.9850920 0.9853251
[43] 0.9851687 0.9853471 0.9852984 0.9852939
0.9851905 0.9852193 0.9854166
[50] 0.9852696
> te <- te.sfa(o) #equal to eff(o), teBC
> teBC<-teBC.sfa(o)
> teM <- teMode.sfa(o)
> teJ <- teJ.sfa(o)
> cbind(eff(o),te,teBC,Mode=eff(o, type="Mode"),teJ)[1:10,]
                       te        teBC       Mode         teJ
 [1,] 0.9851398 0.9851398 0.9851398 0.9996716 0.9850768
 [2,] 0.9852687 0.9852687 0.9852687 1.0000000 0.9852065
 [3,] 0.9849763 0.9849763 0.9849763 0.9992207 0.9849124
 [4,] 0.9852490 0.9852490 0.9852490 0.9999765 0.9851866
 [5,] 0.9851328 0.9851328 0.9851328 0.9996522 0.9850698
 [6,] 0.9852987 0.9852987 0.9852987 1.0000000 0.9852366
 [7,] 0.9852842 0.9852842 0.9852842 1.0000000 0.9852220
 [8,] 0.9851902 0.9851902 0.9851902 0.9998120 0.9851275
 [9,] 0.9851721 0.9851721 0.9851721 0.9997615 0.9851093
[10,] 0.9854656 0.9854656 0.9854656 1.0000000 0.9854045
```

┌─ (続き) 最大効率値の企業番号 (29) を求める ──────────

```
> sigma2.sfa(o)
  sigma2
1.123619
> lambda.sfa(o)
    lambda
0.01764121
> ymax<-max(te)
> ymax
[1] 0.9856682
> which(te==ymax)
[1] 29
```
#最大効率値の企業番号 (29) を垂線で示す
```
> plot(te,type="b")
> abline(v=29)
```

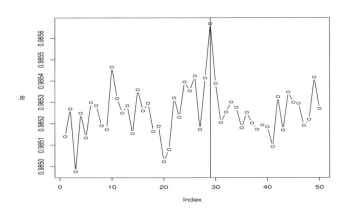

図 4.1 　50 社の経営効率のプロット

　図 4.1 は正規乱数を用いてシミュレートされた 50 社企業への経営効率評価値を示している。横軸は会社の番号で，図から 29 番目の企業の経営効率値が一番高いことは一目瞭然であろう。

[**例題 4.3**] デンマークの乳業生産者のデータセットを用いた経営効率分析
　これは R が提供したデータセットである。108 ヵ所の農場観測値 (農場の番号，ミルクの生産量，エネルギー支出，獣医への支出，乳牛の頭数など) をまとめたデータセットである。図 4.2 には，各変数間の関係が示されている。

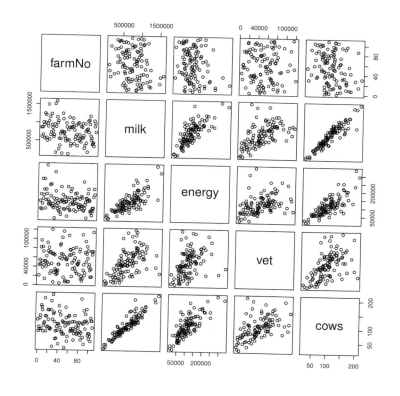

図 4.2　各乳業農場のデータ

以下のように Benchmarking パッケージを利用する。

1) library(Benchmarking) でパッケージを読み込む。

2) 牛乳生産者のデータセットを読み込む。

3) 解析コードを書き，プログラムを実行する。

4) 得られた結果をまとめる。

まず，コマンド head, tail でそれぞれ最初と最後の 6 個のデータを表示させる。

---

**各乳業農場の経営効率評価**

```
> library(Benchmarking)
> data(milkProd)
> head(milkProd)
    farmNo   milk    energy    vet   cows
1     1     862533   117894   21186   121
2     2     605764    72049   43910    80
3     3     865658   158466   54583    95
4     4     662331    66783   45469    87
5     5    1003444   101714   81625   125
6     6     923512   252408   96807   135
```

---

**続き**

```
> tail(milkProd)
      farmNo   milk    energy    vet    cows
103    103   441835    73450   35536    61
104    104   342816    56077   18511    45
105    105  1047603    75114   73498   126
106    106   894828   142008   66516   116
107    107   983645   190440   73142   116
108    108   738916   156109  115209    92
```

投入各要素をまとめて x に入れ, 産出値をまとめて y に入れる。

```
┌─投入各要素と産出値をそれぞれ x,y に入れる ─────────
│
│ > x <- with(milkProd, cbind(vet, energy, cows))
│ > head(x)
│         vet energy cows
│ [1,] 21186 117894   121
│ 省略
│ [6,] 96807 252408   135
│ > tail(x)
│           vet energy cows
│ [103,]  35536  73450   61
│ 省略
│ [108,] 115209 156109   92
│ > y <- matrix(milkProd$milk)
│ > head(y)
│          [,1]
│ [1,]   862533
│ 省略
│ [6,]   923512
│ > tail(y)
│            [,1]
│ [103,]   441835
│ 省略
│ [108,]   738916
│ #農場の効率解析: SFA と OLS との比較
│ > milkSfa <- sfa(log(x), log(y))
│ > ols <- lm(log(y)~log(x))
│ > cbind(ols=coef(ols), sfa=coef(milkSfa))
│
└─────────────────────────────────────────────
```

　上のプログラムの実行結果は次のようになる。

┌─ SFA と OLS との解析結果 ─────────────────────

```
                     ols          sfa
(Intercept)    7.10341187   7.52014421
log(x)vet      0.09551563   0.06281416
log(x)energy   0.12132193   0.12156101
log(x)cows     0.85907831   0.87878814
```

┌─ あるいは以下のコマンドで SFA による解析結果を表示 ─────

```
> milkSfa
Coefficients:
(Intercept)        xvet       xenergy        xcows
    7.52014      0.06281       0.12156      0.87879
> #あるいは
> sfa=coef(milkSfa)
> sfa
(Intercept)        xvet       xenergy        xcows
 7.52014421   0.06281416    0.12156101   0.87878814
```

┌─ teJ 効率値の計算 ──────────────────────────

```
e <- residuals(milkSfa)
s2 <- sigma2.sfa(milkSfa)
lambda <- lambda.sfa(milkSfa)
mustar <- -e*lambda^2/(1+lambda^2)
sstar <- lambda/(1+lambda^2)*sqrt(s2)
teJ<-exp(-mustar-sstar*(dnorm(mustar/sstar)
(前行の続き)/pnorm(mustar/sstar)))
```

その計算結果は以下のようになる。

```
┌─ teJ 効率値の計算結果 ──────────────────
│ > teJ
│               [,1]
│    [1,]  0.8976377
│    [2,]  0.9143635
│    [3,]  0.9596006
│    省略
│  [104,]  0.9272760
│  [105,]  0.9636482
│  [106,]  0.8823452
│  [107,]  0.9194875
│  [108,]  0.8563217
└──────────────────────────────────────
```

図 4.3 には，108 ヵ所の牛乳生産農場の teJ 効率値が描かれている。

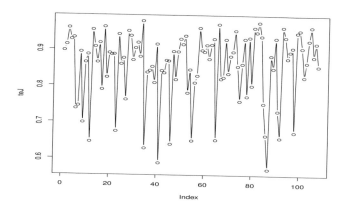

図 4.3   teJ 効率値

## 4.3　各都道府県の生産効率性評価

　インターネットで公表されている内閣府の統計資料により，日本全国各都道府県の県内総生産及び所得要素の表から，47都道府県のデータを抽出し，各都道府県の生産効率性の推計を行い，SFA手法を用いた実証分析を試みる。

| 県番 | 県名 | 県内総生産 | 固定資本減耗 | 県内雇用者報酬 |
|------|------|-----------|-------------|---------------|
| 01 | 北海道 | 15,399,031 | 2,944,467 | 7,405,649 |
| 省略 | 省略 | 省略 | 省略 | 省略 |
| 47 | 沖縄県 | 3,167,354 | 636,219 | 1,382,856 |

表 4.1　各県の詳細データ (単位は百万円)

　具体的には，2013年度の各都道府県内の総生産，中間投入，固定資本減耗，および雇用者報酬を集計データから取り出した。そこで，各県の資本ストックが公表されていないため，ある程度固定資本を反映している固定資本減耗を代替的に利用した。推計に用いたRのプログラムは以下のようになる。

```
SFAによる各県の効率解析
prefecture<-read.csv("prefecture-SFA20161203.csv",header=T)
yy<-prefecture$a   #県内総生産
x1<-prefecture$b   #中間投入
x2<-prefecture$d   #固定資本減耗
x3<-prefecture$h   #県内雇用者報酬
xx<-matrix(cbind(x1,x2,x3),47,3)
oo<-sfa(log(xx),log(yy))
te2<-te.sfa(oo)
plot(te2,type="b")
```

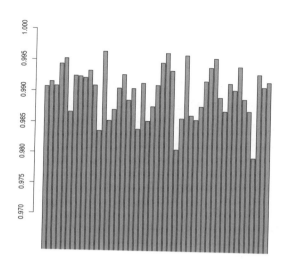

図 4.4　47 都道府県に関する生産効率値 (teBC)

　図 4.4 は各都道府県の中で，13 番目の東京都の効率値が一番高いことを示している。また各県の効率値はすべて 0.97 以上のため，効率値の範囲を区間 [0.97,1] で拡大して見ることにより，各県の効率値の僅差は，はっきり見えてくる。

　さらに teMode, teJ の効率値を計算して以下の結果が得られた。

```
┌─ 各県 teJ 効率値の計算 ──────────────────
│ teBC2<-teBC.sfa(oo)
│ teMode2<-teMode.sfa(oo)
│ teJ2<-teJ.sfa(oo)
│ plot(teMode2,type="b")
│ #4 種類の効率値を efficiency2 にまとめ
│ efficiency2<-cbind(te2,teBC2,teMode2,teJ2)
└─────────────────────────────────────
```

```
┌─ 各県の teJ 効率値 ─────────────────────────────────
│
│ > efficiency2
│             te2       teBC2     teMode2        teJ2
│  [1,] 0.9907024  0.9907024  0.9986190  0.9906786
│  [2,] 0.9915165  0.9915165  1.0000000  0.9914954
│  [3,] 0.9908413  0.9908413  0.9989816  0.9908180
│  [4,] 0.9943678  0.9943678  1.0000000  0.9943562
│  [5,] 0.9952441  0.9952441  1.0000000  0.9952353
│ 中略
│ [45,] 0.9930816  0.9930816  1.0000000  0.9930657
│ [46,] 0.9910427  0.9910427  0.9995200  0.9910201
│ [47,] 0.9918486  0.9918486  1.0000000  0.9918286
│
└─────────────────────────────────────────────────
```

　また以下の図 4.5, 4.6, 4.7 では，それぞれの効率値の関連を示している。各
効率値は，多少異なるけれども，おおむねは一致していることが読み取れよう。

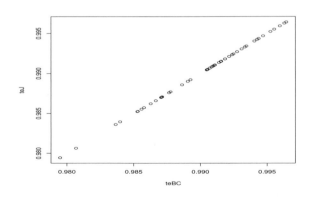

図 4.5　teBC 効率値と teJ 効率値との比較

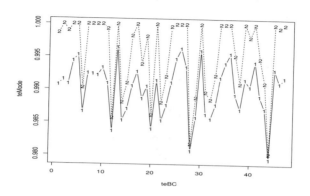

図 4.6 teBC 効率値 (1 の実線) と teMode 効率値 (2 の点線) との比較

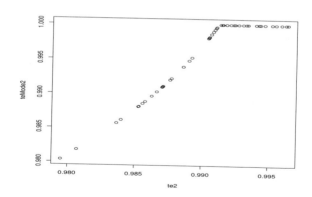

図 4.7 teBC 効率値と teMode 効率値との比較

　本章では，まず，SFA 手法の数理モデルを解説した。さらにパッケージ
Benchmarking を用いたプログラミング法について，シミュレーションを始め，
実証分析を含めていくつかの例を挙げて示した。

　[**演習問題**] インターネットから適切な経済・経営データを入手し，SFA モデ
ルに適用して，解析結果に基づいたモデルの良さを検討せよ。

◇ **本章の学習ポイント** ◇

- SFA 手法を用いた企業経営の効率評価
- パッケージ Benchmaking, 関数 sfa
- 実際の問題への適用

# 第5章

# SCM 手法による政策評価

経済・社会に対する政策の効果に関する評価は様々な方法が提案されているが，その中で，定性的，あるいは定量的な手法が用いられている。しかし現実世界では，経済・社会の状態を最初の状態に戻したり，物理化学実験のように繰り返し同一の状態下で実験を行い，因果関係や政策の効果などを評価したりすることができないのは明らかである。

本章では，政策分析などによく使われている因果関係を定量的に解析する SCM 手法 (SCM: Synthetic Control Method) について解説し，R パッケージ tidysynth の使い方，ならびにその数値例を挙げながら解説を展開していく。

実際の応用問題としては，アメリカのカリフォルニア州で成立したタバコへの課税法案のタバコの売上への影響を分析した研究や，冷戦終結後，東西ドイツの統一によるドイツ経済へのインパクトなど，異なる政策が経済ないしは地域へもたらされた効果に関する比較研究が挙げられる [14]-[16]。

## 5.1 SCM 手法の概要

SCM 手法は Ableide らによって提唱されてきた [14]-[16]。彼らは SCM を用いて，国や社会などで大きなイベントが起こった後，イベントによってもたらされた効果を測った。SCM は介入を受けたもの (Intervened, Treated) とそれを受けていないものの集合 (Donor pool) との比較により，介入を受けた

ものの効果を測定する手法である。

　ここで，以下の条件を満たす $J+1$ 個の対象者があるとして，$j=1$ は Treated とし，$j=2\ldots J+2$ は Donor pool とする。$Y_{jt}^0$ は $j$ 番目の対象者における $t$ 時刻の出力 (GDP や，売上など) とし，$t=1,2,\ldots,T_0,T_0+1,\ldots T$ とする。時刻 $T_0$ までの $Y_{jt}^0$ は観測されたものであり，$T_0+1$ 以降は Treated 後の値しか観測されないものである。また $Y_{jt}^0$ は以下のファクターモデルによって生成されたとする。すなわち，

$$Y_{jt}^0 = \delta_t + \theta_t z_j + \lambda_t \mu_j + \epsilon_{jt} \tag{5.1}$$

ここで，$\delta_t$ はすべての対象者に対する時変的で共通の効果であり，$z_j$ は $j$ 番目の対象者による観測された値であり，$\lambda_t$ は未知な時変的要因であり，$\mu_j$ は $j$ による未知な効果である。仮にウェート $w_j^* \geq 0, (j=2,...,J+1), \sum w_j^* = 1$ が存在し，しかも

$$\sum_{j=2}^{J+1} w_j^* Y_{j1} = Y_{11} \ldots \sum_{j=2}^{J+1} w_j^* Y_{jT_0} = Y_{1T_0}, \sum_{j=2}^{J+1} w_j^* z_j = z_1$$

が成立するとなれば，介入を受けた後の効果は次式によって測定することができる。

$$\hat{\alpha}_{1t} = Y_{1t} - \sum_{j=2}^{J+1} w_j^* Y_{jt} \tag{5.2}$$

ウェート $w_j^*(j=2,...,J+1)$ は以下の距離を最小化したものである。すなわち，

$$||X_1 - X_0 W||_V = \sqrt{(X_1 - X_0 W)'V(X_1 - X_0 W))} \tag{5.3}$$

となる。ここで，$V$ は半正定行列であり，$X$ の重みをウェートに反映させるものである。

　この方法を用いて物事の因果関係や，ある政治経済面の政策効果などを確かめることができる。

## 5.2 数値例

[例題 **5.1**]1988 年にアメリカのカリフォルニア州で成立した，タバコに関する課税法案がタバコの売上を押し下げた効果を検証する [15]。

ここで，R のパッケージ tidysynth を利用して SCM 手法による介入効果の測定を行う。

利用される smoking というデータセットは tibble 形式で保存されている。州，年，タバコ売上，収入の対数値，ビール売上，15 歳から 24 歳の人口比率，小売価格といったタグで構成されている。

まず，パッケージを読み込み，データセットの中身を確認しよう。

```
━ パッケージとデータセットの読み込み ━━━━━━━
> library(tidysynth)
> data("smoking")
> smoking
# A tibble: 1,209 x 7
    state       year cigsale lnincome  beer age15to24 retprice
    <chr>      <dbl>   <dbl>    <dbl> <dbl>     <dbl>    <dbl>
 1 Rhode Island 1970    124.      NA    NA     0.183     39.3
 2 Tennessee    1970     99.8     NA    NA     0.178     39.9
 3 Indiana      1970    135.      NA    NA     0.177     30.6
 4 Nevada       1970    190.      NA    NA     0.162     38.9
 5 Louisiana    1970    116.      NA    NA     0.185     34.3
 6 Oklahoma     1970    108.      NA    NA     0.175     38.4
 7 New Hampshire1970    266.      NA    NA     0.171     31.4
 8 North Dakota 1970     93.8     NA    NA     0.184     37.3
 9 Arkansas     1970    100.      NA    NA     0.169     36.7
10 Virginia     1970    124.      NA    NA     0.189     28.8
# … with 1,199 more rows
```

　以下のプログラムで SCM によって推定された結果は smoking_out に出力される。ここで, smoking %>% は smoking のデータを次のプログラムに流すコマンドパイプ (command pipe) である。

┌─ SCM による解析 (1): タバコ売上, 州, 年, 介入された対象および時期 ─────

```
smoking_out<-smoking %>%
#synthetic control の初期条件の設定
(タバコ売上, 州, 年, 介入された対象および時期)
  synthetic_control
  (
  outcome = cigsale, #出力
  unit = state, #州単位
  time = year, #年単位
  i_unit = "California", #介入された州
  i_time = 1988, #介入の時期
  generate_placebos=T #介入効果の確認のため, placebo=T を設定
   ) %>%
```

　次に以下のように predicator の設定を行う。対象変数が対数収入, タバコの小売価格, 15-24 歳の人口比率 (1980-1988) の平均となる。ビールの消費平均 (1984-1988) を計算する。

┌─ SCM による解析 (2):predicator の設定 ─────

```
generate_predictor(time_window=1980:1988,
                   ln_income = mean(lnincome, na.rm=T),
                   ret_price = mean(retprice, na.rm=T),
                   youth = mean(age15to24, na.rm=T)
                   ) %>%
generate_predictor(time_window=1984:1988,
                   beer_sales = mean(beer, na.rm=T)) %>%
```

┌─ SCM による解析 (3):タバコの売上および最適化条件の設定 ──────

```
#タバコの売上 (1975，1980，1988) の設定
  generate_predictor(time_window = 1975,
                     cigsale_1975 = cigsale) %>%
  generate_predictor(time_window = 1980,
                     cigsale_1980 = cigsale) %>%
  generate_predictor(time_window = 1988,
                     cigsale_1988 = cigsale) %>%
#最適化の条件設定および推定されるウェートの生成
generate_weights(optimization_window = 1970:1988,
Margin.ipop =.02,Sigf.ipop = 7,Bound.ipop = 6) %>%
#synthetic control の生成
generate_control()
```

　実行結果は smoking_out に入れているが, 以下のコードで SCM 手法により推定値を実行結果 smoking_out から取り出す。

┌─ SCM 手法による推定値 ──────────────────

```
> syn<-as.data.frame(smoking_out$.synthetic_control[1])
> syn

   time_unit real_y  synth_y
1       1970  123.0 116.88656
2       1971  121.0 118.65972
3       1972  123.5 124.12621
中略
27      1996   54.5  77.18214
28      1997   53.8  77.38087
29      1998   52.3  73.93351
30      1999   47.2  73.23693
31      2000   41.6  67.03456
```

　また実際の売上と SCM 手法により推定された値は図 5.1 に示されている。次のコードで図を作成する。

```
┌─ 実測値と SCM 手法に基づいた推定値のグラフ作成 ─────────
│ plot(syn$time_unit,syn$real_y,ty="o",ylim=c(30,130),xlab=""
│ ,ylab="")
│ par(new=T)
│ plot(syn$time_unit,syn$synth_y,ty="l",lty=5,ylim=c(30,130),
│ xlab="Year",ylab="Real_Sale_Vs_Synth_Sale")
│ abline(v=1988)
└────────────────────────────────────────────
```

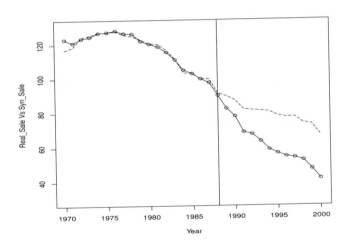

図 5.1　売上プロット (点＋実線: 観測されたデータ; 破線: SCM による推定値)

　さらに実際の売上から SCM 手法により推定値を引いた差異は図 5.2 に示されている。一方, SCM 手法により推定された各ウェートは以下の図 5.3 に示されている。

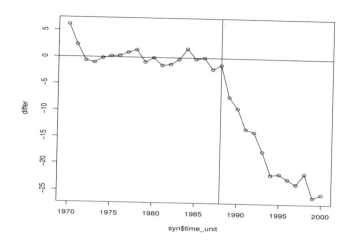

図 5.2 実際の売上から SCM 法により推定値を引いた差異

SCM 手法によりウェートのグラフ作成

```
> smoking_out %>% grab_unit_weights(placebo= TRUE)
> smoking_out %>% plot_weights()
```

計算結果 smoking_out の中から各 $w_j(j = 2...J + 1)$ を取り出す。

smoking_out から各 $w_j(j = 2...J + 1)$ を取り出す

```
> unit_wets<-as.data.frame(smoking_out$.unit_weights[1])
> unit_wets
           unit      weight
1       Alabama 1.542755e-05
2      Arkansas 1.279424e-05
3      Colorado 1.746846e-01
```

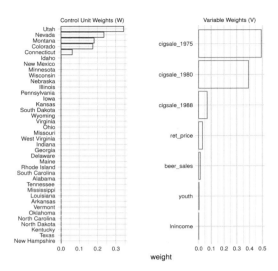

図 5.3　SCM 手法により推定された W および V

```
smoking_out から各 w_j(j = 2...J + 1) を取り出す (続き)

4        Connecticut 6.241991e-02
5           Delaware 1.589743e-05
6            Georgia 1.670204e-05
7              Idaho 5.198364e-04
8           Illinois 5.236910e-05
9            Indiana 1.701817e-05
中略
36    West Virginia 1.890564e-05
37        Wisconsin 1.492862e-04
38          Wyoming 2.302557e-05
> sum(unit_wets$weight)
[1] 1
```

上記の結果から各 $w_j (j = 2...J+1)$ の和は 1 であることが確認できよう。

同様に predictor の重み $(V)$ は以下のように取得できる。その結果は図 5.3 に示されている。

```
predictor の重み (V) の取得

>s_pred_v<-as.data.frame(smoking_out$.predictor_weights[1])
>s_pred_v
      variable      weight
1     lnincome 0.0005834245
2    ret_price 0.0311741171
3        youth 0.0033669733
4   beer_sales 0.0124323069
5 cigsale_1975 0.4925227702
6 cigsale_1980 0.3917451414
7 cigsale_1988 0.0681752666
> sum(s_pred_v$weight)
[1] 1
```

同じく上記の結果から predictor の重み $(V)$ の和は 1 であることが確認されている。

また以下のコードを用いて Placebo テストの結果を図 5.4 に示す。

```
Placebo テストのグラフ

smoking_out %>% plot_placebos(time=1970:2000)
```

図 5.4 からもデータからも分かるように, カリフォルニア州の 1988 年の法案がタバコの売上を押し下げた効果が認められる。

さらに計算結果 smoking_out から mspe_ratio や Fishers_exact_pvalue, および z_score などの統計指標を取り出してデータ・フレーム ratio に保存する。そのコードと結果は次のようになる。

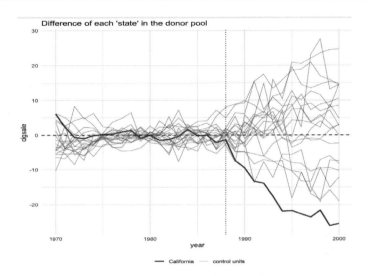

図 5.4　Placebo テストの結果

mspe_ratio, Fishers_exact_pvalue, z_score の取得

```r
ratio<-as.data.frame(smoking_out%>%grab_significance
(time_window=1970:2000)); ratio
```

pre_mspe post_mspe の値

|   | unit_name | type | pre_mspe | post_mspe |
|---|-----------|------|----------|-----------|
| 1 | California | Treated | 3.209078 | 386.670395 |
| 2 | Georgia | Donor | 3.596617 | 163.754891 |
| 3 | Indiana | Donor | 22.942896 | 765.701568 |
| 中略 | | | | |
| 37 | Utah | Donor | 593.765136 | 223.276472 |
| 38 | Wyoming | Donor | 112.717401 | 23.039773 |
| 39 | New Hampshire | Donor | 3485.934544 | 312.451857 |

┌─ mspe_ratio, Fishers_exact_pvalue, z_score の値 ─────

| | mspe_ratio | rank | fishers_exact_pvalue | z_score |
|---|---|---|---|---|
| 1 | 120.49266575 | 1 | 0.02564103 | 5.28463350 |
| 2 | 45.53025774 | 2 | 0.05128205 | 1.65794140 |
| 3 | 33.37423391 | 3 | 0.07692308 | 1.06983122 |
| 中略 | | | | |
| 37 | 0.37603500 | 37 | 0.94871795 | -0.52662640 |
| 38 | 0.20440298 | 38 | 0.97435897 | -0.53492998 |
| 39 | 0.08963216 | 39 | 1.00000000 | -0.54048261 |

　ここで，介入を受けたカリフォルニア州の mspe_ratio, rank, fishers_exact_pvalue および z_score はそれぞれ 120.49266575, 1, 0.02564103, 5.28463350 となっており，タバコ関連法 (介入) によって，もたらした効果が明らかになっている。また以下のコードで図 5.5 を作成する。

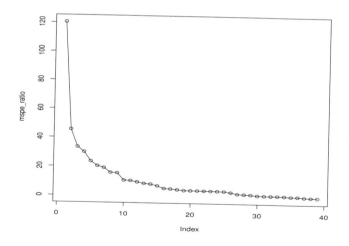

図 5.5　mspe ratio のプロット

---
mspe_ratio のグラフの作成 ─────────

```
plot(ratio$mspe_ratio,type="o",ylab="mspe_ratio")
```
---

　カリフォルニア州における介入後と前の比は最も大きくなっていることが図 5.5 から確かめられよう。従い, 成立したタバコ関連法案によって, タバコ売上の変化の有意性を明らかになったのである。

　本章では Synthetic Control Method を用いた因果関係・政策効果の評価方法およびそのパッケージ tidysynth の利用について数値例を取り上げた。数値例のようにイベントが発生したあとに得られない値 (すなわち, イベントが発生しなかった場合の取り得る値) を推定するには, SCM アプローチは有効であることが確認できた。

　[演習問題] 国内外に公表されたデータを利用して, 経済政策や法案の成立などによる経済・経営状況の変化をもたらす因果関係の効果解析を試みよ。

─────────────────────

## ◇ 本章の学習ポイント ◇

- パッケージ tidysynth
- SCM 手法による因果関係の解析
- 介入を受けたものと介入を受けていないものとの間の最短距離 $||X_1 - X_0 W||_V$ の求め方およびその意味

# 第6章

# クラスター分析と判別分析

## 6.1 クラスター分析

　クラスタリング (Clustering) とは，あらかじめ決められている基準に基づき，全体集合の各々の個体を子集合によってグループ化していくことである。クラスター分析 (Cluster Analysis) は多変量解析の一つのツールである。異なる性質を持ち合わせている各々の個体を分類する場合によく用いられる。また，各個体が持っている性質は，ベクトルを用いて表現する場合が多い。例えば，企業の場合は，(売上高総利益率, 売上原価率, 配当率など) のようなベクトルを用いることが多い。

　あらかじめ決められている基準によって，異なるクラスタリング手法が開発されている。このクラスタリング基準は大まかに言うと，最短距離法を代表とする階層的手法 (Hierarchical) と，k-means 法を代表とする分割最適化手法 (Partitioning-optimization) が開発され，利用されている。異なる手法によって得られた分析結果はそれぞれ異なるが，どの手法が一番良いのか，いくつかの分類結果を吟味することが大切である。企業類似性の分析では，クラスター分析はよく用いられる。

　凝集手法 (Agglomerative) は，階層法の代表的な手法である。いま，$n$ 個の個体があるとし，各個体間の距離 (Distance) を計算する。距離が最も近い個体が 1 つのクラスを形成していく。この過程を繰り返すことによって，すべての

個体が 1 つのクラスになった時点で, クラス間の階層構造, すなわち, 樹形図が得られ, この樹形図はデンドログラム (Dendrogram) とも呼ばれている。

具体的には以下のような異なる距離を用いる種々の手法がある。R では stats というパッケージが用意されている。

その中の 関数 hclust および kmeans などがよく利用されている。

関数 hclust(d, method = "complete", …) はいくつかの引数が必要である。具体的には, complete 法がデフォルトになっていて, 引数 d は, 距離で, method はクラスター分析の方法を指定する。

| single | 最近隣法 |
|--------|---------|
| complete | 最遠隣法 |
| average | 群平均法 |
| centroid | 重心法 |
| median | メディアン法 |
| ward | ウォード法 |
| mcquitty | McQuitty 法 |

表 6.1　クラスター法

関数 hclust を用いてクラスター分析を行う際に必要となるいくつかの関数を表 6.2 に示されている。

| summary | 分析結果を示す |
|---------|--------------|
| plot | 樹形図の作成 |
| plclust | 樹形図の作成 |
| cutree | クラスターの数 |
| cophenetic | コーフェン行列 |

表 6.2　関数の意味

[例題 **6.1**] 10 社のそれぞれ 5 つの財務指標を正規乱数によって生成し，その財務指標を用いて，企業間のクラスター分析を行う。

┌─ 5 つの財務指標の生成 ──────────

```
z<-rnorm(50)
x<-matrix(z,10,5); y<-data.frame(x); y
```

┌─ 生成した $X_i$ の値および $X_i$ 間の距離 ──────────

|  | X1 | X2 | X3 | X4 | X5 |
|---|---|---|---|---|---|
| 1 | 0.2052350 | -0.01104463 | 0.4367343 | 1.0140769 | 0.72870148 |
| 2 | -1.0071100 | -0.13770487 | -0.5071656 | -0.6796434 | 0.54643785 |
| 3 | -0.3038324 | -0.19096423 | -0.8093391 | -0.9638540 | 0.48484087 |
| 4 | -0.5610715 | -0.17977025 | -1.0785780 | 0.5038495 | 1.37256604 |
| 5 | 0.7853191 | -0.46434209 | 1.5942419 | 0.8099603 | 2.40731588 |
| 6 | 0.7551173 | 0.73208049 | 0.6286441 | -0.5789609 | 2.24402421 |
| 7 | 1.0516921 | 0.58546641 | 0.5775316 | -1.2454962 | 0.02696565 |
| 8 | -1.1452215 | -1.38072605 | 1.7382083 | -1.0087974 | -0.49771712 |
| 9 | -1.3427837 | -1.85414488 | 0.9913071 | -0.5151722 | -0.18247603 |
| 10 | -0.4470220 | 0.48000985 | -1.7595171 | 0.4934109 | -0.18291033 |

```
> round(dist(y),3)
```

|  | 1 | 2 | 3 | 4 | 5 | 6 | 7 | 8 | 9 |
|---|---|---|---|---|---|---|---|---|---|
| 2 | 2.298 | | | | | | | | |
| 3 | 2.412 | 0.821 | | | | | | | |
| 4 | 1.894 | 1.616 | 1.755 | | | | | | |
| 5 | 2.177 | 3.663 | 3.726 | 3.194 | | | | | |
| 6 | 2.393 | 2.836 | 2.699 | 2.722 | 2.079 | | | | |
| 7 | 2.587 | 2.555 | 2.157 | 3.286 | 3.478 | 2.339 | | | |
| 8 | 3.315 | 2.794 | 3.095 | 3.937 | 4.042 | 4.124 | 3.220 | | |
| 9 | 3.045 | 2.421 | 2.781 | 3.340 | 3.910 | 4.137 | 3.526 | 1.079 | |
| 10 | 2.568 | 2.042 | 1.986 | 1.825 | 4.524 | 3.775 | 3.284 | 4.306 | 3.852 |

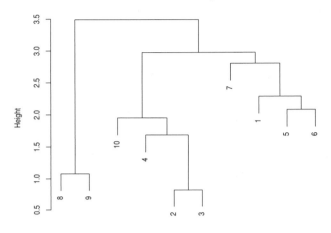

図 6.1　企業間距離を表すデンドログラム

┌─ 10 社間のクラスター分析およびデンドログラムの作図 ──────
│
```
> hc<-hclust(dist(y),"ave")
> hc
Call:
hclust(d = dist(y), method = "ave")
Cluster method   : average
Distance         : euclidean
Number of objects: 10
> plot(hc)
```

　図 6.1 に示されたように企業 2, 3, 企業 8, 9 と企業 5, 6 はそれぞれ同じ
グループで, それに企業 1 は 5, 6 のグループに近い。

## 6.2 判別分析

判別分析は与えられた学習データに基づき, 判別関数を形成し, それを用いて予測を行うことである. 判別分析の種類は従来の線形判別と, 2 次判別などに加えて, さらに近年台頭した SVM(Support Vector Machine), ニューラルネットがよく利用されている.

判別分析の応用の 1 つとしては, 企業経営状態, 特に企業倒産分析が挙げられる. R では, lda() と predict() 関数を用いて線形判別分析を行う. 2 次判別分析では, 関数 qda() が用意されている.

線形判別は異なるグループ間に 1 つの超平面を用いてグループ分け (判別) が行われる. $n$ 個変数がある場合は, 超平面は

$$b_0 + b_1 x_1 + b_2 x_2 + \cdots + b_n x_n = 0 \tag{6.1}$$

と表される. 2 次元の場合は 1 本の直線に退化される.

[例題 **6.2**]R のデータセット iris を読み込み, 異なる種類の iris の判別分析を行う. train には学習データ 75 個を iris からランダムに抽出する.

学習データ 75 個を iris からランダムに抽出とその結果

```
library(MASS)
Iris<-data.frame(rbind(iris3[,,1],iris3[,,2],iris3[,,3]),
Sp = rep(c("s","c","v"), rep(50,3)))
train <- sample(1:150, 75)
table(Iris$Sp[train])
> table(Iris$Sp[train])
 c  s  v
26 24 25
```

そして, 学習データを除いた iris データを用いて学習した線形判別関数による予測の結果を示す.

┌─ 線形判別関数の形成およびその予測 ──────────────┐

```
z <-lda(Sp~., Iris,prior=c(1,1,1)/3,subset=train)
predict(z, Iris[-train, ])$class
```

└──────────────────────────────────────┘

┌─ 線形判別関数による iris の種類 (levels: c s v) への予測 ──┐

```
[1]s s s s s s s s s s s s s s s s s s s s s s s s
c c c c c c c c c c c c c c c c c c c v c c c
[49]c c v v v v v v v v v v v v v v v v v c v v v v v v
```

└──────────────────────────────────────┘

┌─ 線形判別関数による iris の種類への予測 (Petal.W を除いた場合) ─┐

```
>(z1<-update(z, .~. -Petal.W.))
Call:
lda(Sp~ Sepal.L. + Sepal.W. + Petal.L., data = Iris,
prior = c(1, 1, 1)/3, subset = train)
Prior probabilities of groups:
        c         s         v
0.3333333 0.3333333 0.3333333
Group means:
  Sepal.L. Sepal.W. Petal.L.
c 5.950000 2.753846 4.269231
s 5.041667 3.475000 1.454167
v 6.524000 2.960000 5.556000
Coefficients of linear discriminants:
               LD1        LD2
Sepal.L.  1.062479 -0.8872117
Sepal.W.  1.026354  3.1317261
Petal.L. -3.091032  0.7880258
Proportion of trace:     LD1    LD2
                      0.9903 0.0097
```

└──────────────────────────────────────┘

## 6.3 企業経営への判別分析の応用

次に線形判別分析により企業が倒産するかどうかの問題を例示する。

[例題 **6.3**] 15 社の標本企業の財務指標 $x_1, x_2$ および倒産したか $(1)$, 否か $(0)$ の情報 $z$ を用いて判別分析を行う。

┌─ 15 社の財務指標の読み込み ─────────────

```
library(MASS)
dat<-read.csv("bankruptcy.csv",head=T,sep=",")
> dat
      x1   x2 z
1    3.5 3.2 1
2    4.1 2.0 1
3    4.0 2.8 1
4    2.5 4.0 1
5    3.0 3.6 1
6    2.6 3.9 1
7    2.2 4.6 1
8    1.5 2.5 0
9    2.9 2.2 0
10   3.0 2.5 0
11   2.7 2.5 0
12   2.1 2.3 0
13   1.7 4.1 0
14   2.6 2.6 0
15   1.8 3.7 0
```

┌─ 判別分析を行う ($z1<$-lda(z x1+x2,dat) も同じ結果を出す) ─

```
z1<-lda(dat[,1:2],dat[,3])
```

┌ 判別分析の結果 ─────────────

```
> z1
Call:
lda(dat[, 1:2], grouping = dat[, 3])
Prior probabilities of groups:
        0         1
0.5333333 0.4666667
Group means:
        x1        x2
0 2.287500 2.800000
1 3.128571 3.442857
Coefficients of linear discriminants:
        LD1
x1 2.407643
x2 1.971218
```

┌ 判別関数による予測およびその結果 ─────────────

```
> z2<-predict(z1)
> z2
$class
 [1] 1 1 1 1 1 1 1 0 0 0 0 0 0 0 0
Levels: 0 1
$posterior
                   0            1
 [1,] 0.0012873885 9.987126e-01
 [2,] 0.0260298915 9.739701e-01
 [3,] 0.0003283113 9.996717e-01
 [4,] 0.0194719935 9.805280e-01
 [5,] 0.0050340551 9.949659e-01
```

┌─ 判別分析関数による予測およびその結果 (続き) ─

```
 [6,] 0.0169100178 9.830900e-01
 [7,] 0.0043424177 9.956576e-01
 [8,] 0.9999989236 1.076438e-06
 [9,] 0.9899660367 1.003396e-02
[10,] 0.8643791771 1.356208e-01
[11,] 0.9856576072 1.434239e-02
[12,] 0.9999658223 3.417767e-05
[13,] 0.8548421227 1.451579e-01
[14,] 0.9875532367 1.244676e-02
[15,] 0.9727828567 2.721714e-02


$x
          LD1
 [1,]  2.1713890
 [2,]  1.2505136
 [3,]  2.5867235
 [4,]  1.3407202
 [5,]  1.7560546
 [6,]  1.3843627
 [7,]  1.8011579
 [8,] -4.0237494
 [9,] -1.2444145
[10,] -0.4122848
[11,] -1.1345778
[12,] -2.9734071
[13,] -0.3882725
[14,] -1.1782203
[15,] -0.9359953
```

判別の結果を次の集計にまとめる。

┌─ 判別の結果の集計 ─────────────────────
```
> (table(dat[,3],z2$class))

    0 1

  0 8 0

  1 0 7
```

┌─ 判別関数の係数の取り出し ─────────────────
```
> z1$scaling
        LD1
x1 2.407643
x2 1.971218
> b1<-z1$scaling[1]; b2<-z1$scaling[2]
```

判別直線によるグループ分けの図 6.2 を作成する。判別直線 $b_1 x_1 + b_2 x_2 + b = 0$ は関数 zzscore によって表されている。

┌─ 判別直線によるグループ分け ───────────────
```
x0<-mean(x1)
y0<-mean(x2)
avg0<-c(x0,y0)
slope<--b1/b2
intcept<-y0-slope*x0
colour<-ifelse(dat$z==1,"red", "blue")
plot(x1,x2,pch=dat$z,col=colour) #図 6.2 の作成
legend("topright",legend=c("z=1","z=0"),col=c("red","blue"))
abline(intcept,slope)
zzscore<-function(x1,x2) b1*x1+b2*x2-(b1*x0+b2*y0)
zzscore
```

判別関数による値

```
> zzscore(x1,x2)
 [1]  2.1713890  1.2505136  2.5867235  1.3407202  1.7560546
 [6]  1.3843627  1.8011579 -4.0237494 -1.2444145 -0.4122848
[11] -1.1345778 -2.9734071 -0.3882725 -1.1782203 -0.9359953
```

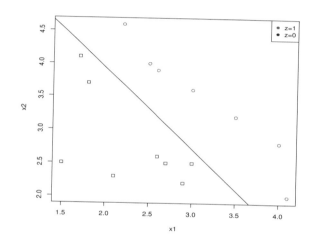

図 6.2　判別直線によるグループ分け

図 6.3 グループ 0, 1 のグラフの作成

```
plot(z1)
```

　また，判別分析に使われる変数が多い場合は，変数の数を減らすために，主成分分析 (PCA: Principle Component Analysis, コマンド princomp) を利用することがある。主成分分析によって変数の数が減り，判別分析に第 1, 2, 3... 主成分を投入すればよいが，ただし累積寄与率は 70% 以上となるのが望ましい。

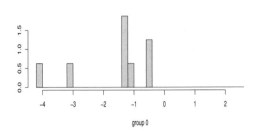

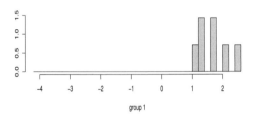

図 6.3　グループ 0,1 のグラフ

同じように 2 次判別法はコマンド qda で行われるが, 詳細は省略する。

# 6.4　Support Vector Machine

機械学習法の 1 つであるサポートベクトルマシン (Support Vector Machine:SVM) 手法は, もう 1 つの強力的な分類ツールとして知られている
[17]-[22]。

データセット $(x_i, y_i)$ の変数 $x_i \in R^d$($d$ は正整数) はシステムの入力で, $y_i$
は入力に対する出力であるとする。例えば, 変数 $x_i$ は会社経営の経営指標で,
$y_i$ は会社の経営状態であるとすると, $y_i = 1$ は倒産しない, $y_i = -1$ は倒産す

るというふうに考えれば, 判別関数は 2 値関数 $\{-1, 1\}$ となる。

判別分析は, 既存のデータを用いて判別関数を推定することである。過去の
データから得られた判別関数を用いて, 将来の経営状況を予測し, 経営者ある
いは投資者に役立つ情報を提供することができる。

サポートベクトルマシンという判別手法は, この 2 組のデータの間に境界線
を引き, その距離 (Margin) を最大化するものである。

判別の超平面を

$$wx + b = 0 \tag{6.2}$$

とし, $w$ と $b$ を適切に調整すると, $y = 1$ の倒産しない企業の $x$ では正で,
$y = -1$ の倒産する企業の $x$ では負となる。しかし $kw, kb(k$:整数$)$ も上記の式
を満たすことを注目せよ。

一方, 点 $(x_i, y_i)$ から判別超平面 $wx + b = 0$ までの距離 $d$ は

$$d(x_i) = \frac{|wx + b|}{\|w\|} \tag{6.3}$$

となる。そこで, $n$ 個の点 $(x_i, y_i)$ のデータに対して, 超平面に最近隣の点につ
いて, 正負に関わらず, その絶対値が 1 になるように $w, b$ を調整すると, 即ち,

$$min_{i=1,2\ldots n}|wx_i + b| = 1 \tag{6.4}$$

とすると,

$$min_{i=1,2\ldots n}d(x_i) = min_{i=1,2\ldots n}\frac{|wx_i + b|}{\|w\|} \tag{6.5}$$

$$= \frac{1}{\|w\|} \tag{6.6}$$

が得られる。制約条件としては

$$y_i(wx_i + b) \geq 1 \tag{6.7}$$

の下で, $\frac{1}{\|w\|}$ の最大値をを求めればよい。これにより, 上述した整数倍の問題
$kw, kb$ は解決できる。従って,

$$min_{w,b}\frac{\|w\|^2}{2} \tag{6.8}$$

という 2 次計画法問題に帰着する。

　ここで, Lagrange 法を用いてこの最適化問題を解く。

$$L(w, b, \alpha) = \frac{\|w\|^2}{2} - \Sigma_{i=1}^{n} \alpha_i (yi(wx_i + b) - 1) \tag{6.9}$$

$$\alpha_i \geq 0 \tag{6.10}$$

微分条件から

$$\frac{\partial L}{\partial w} = 0 \tag{6.11}$$

$$\frac{\partial L}{\partial b} = 0 \tag{6.12}$$

$$\frac{\partial L}{\partial \alpha} = 0 \tag{6.13}$$

から

$$w = \Sigma_{i=1}^{n} \alpha_i y_i x_i \tag{6.14}$$

$$\Sigma_{i=1}^{n} \alpha_i y_i = 0 \tag{6.15}$$

$$L(\alpha_i) = \frac{1}{2} \Sigma_{i,j=1}^{n} \alpha_i \alpha_j y_i y_j x_i^T x_i - \Sigma_{i=1}^{n} \alpha_i \tag{6.16}$$

が得られ, 従って, それぞれの $w, b$ の最適値

$$w = \Sigma_{i=1}^{n} a_i y_i x_i \tag{6.17}$$

$$b = -\frac{1}{2}(wx^+ + wx^-) \tag{6.18}$$

が得られる。このように判別超平面とデータとのマージンを最大化することができる。この機械学習 SVM 手法によって, 得られた超平面判別式は

$$y = sign\{wx + b\} \tag{6.19}$$

となる。

　上述した Hard SVM の拡張として, Soft SVM およびカーネル (Kernel) 関数を使うと Kernel SVM(KSVM) として一般化することができる。Soft SVM は完全に分類できない場合は, ある程度の誤差を上限として, 判別関数を決め

る機械学習方法である。実際, KSVM を用いた判別分析や非線形回帰分析な
どの問題への解析が行われている。

　一般的にはカーネル変換によって, 特徴空間に超平面を生成し異なるデータ
グループの分離ができるようになる。カーネル関数の定義は次のようになる。

$$K(x, x') = \phi(x)^T \phi(x')$$ (6.20)

ここの $K(\cdot)$ はカーネル関数と呼ばれる。$K(\cdot)$ を使えば, 式のなかの $x$ に
関する項は, それぞれ $K(x, x_i)$ および $K(x_i, x_j)$, 即ち, $\phi(x)^T \phi(x_i)$ および
$\phi(x_i)^T \phi(x_j)$ に代替されることになる。

　いろいろなカーネル関数が利用されているが, 主にガウス, 多項式や RBF 関
数がよく用いられる。例えば, ガウスカーネルは $k(x, y) = e^{-||x-y||/c}$ となる
が, ここで $c$ はカーネル関数のパラメータであり, $||x - y||$ はいわゆる不一致
性測度 (dissimilarity measure) である。

　R パッケージ kernlab では以下のようなカーネル関数を設定できる。

---
**kernlab で利用できるカーネル関数**

rbfdot: Radial Basis kernel "Gaussian"
$k(x, x') = exp(-\sigma||x - x'||^2)$
polydot: Polynomial kernel
$k(x, x') = (scale \cdot <x, x'> + offset)^{degree}$
tanhdot: Hyperbolic tangent kernel
$k(x, x') = tanh(scale \cdot <x, x'> + offset)$
besseldot: Bessel kernel
$k(x, x') = \frac{Bessel^n_{(\nu+1)}(\sigma||x-x'||)}{(||x-x'||)^{(-n(\nu+1)}}$
laplacedot: Laplacian kernel
$k(x, x') = exp(-\sigma||x - x'||)$
vanilladot Linear kernel
$k(x, x') = <x, x'>$
ほかには splinedot: Spline kernel; stringdot: String kernel; anovadot:
ANOVA RBF kernel などがある

[**例題 6.4**] spam データを利用して，スパムメールか否かの判別を行う。

　学習データ及びテストデータはそれぞれ train_dat, test_dat が用意されている。train_dat は SVM のパラメータのチューニングに利用される一方，test_dat は予測に用いられる。カーネル関数は rbfdot がセットされている。filter には学習の結果が入っている。

```
┌─ kernlab でのスパムメール識別 ──────────────

library(kernlab)
data(spam)
index <- sample(1:dim(spam)[1])
train_dat<-spam[index[1:floor(dim(spam)[1]/2)],]
test_dat<-spam[index[((ceiling(dim(spam)[1]/2))+1)
:dim(spam)[1]],]
filter<- ksvm(type~.,data=train_dat,kernel="rbfdot",
kpar=list(sigma=0.05),C=5,cross=3)
```

学習の結果は以下のようになる。

```
┌─ スパムメール識別の学習結果 ──────────────

filter
Support Vector Machine object of class "ksvm"
SV type: C-svc  (classification)
 parameter : cost C = 5
Gaussian Radial Basis kernel function.
 Hyperparameter : sigma =  0.05
Number of Support Vectors : 914
Objective Function Value : -1036.69
Training error : 0.018261
Cross validation error : 0.084783
```

以下ではテストデータを用いた予測の結果を示す。

```
┌─ スパムメール識別の結果 ─────────────
│ mailtype <- predict(filter,test_dat[,-58]
│ > table(mailtype,test_dat[,58])
│ mailtype      nonspam     spam
│ nonspam       1303        123
│ spam          66          808
└
```

[例題 6.5] iris データを用いた異なるアヤメ種の分類，全種類は 3 つ，すなわち setosa, versicolor, virginica となる。カーネル関数は rbfdot を用いて以下の結果を得た。

```
┌─ C-bsvc タイプの SVM を学習させる ──────────
│ rbf <- rbfdot(sigma=0.1)
│ irismodel <- ksvm(Species~.,data=iris,type="C-bsvc",
│                   kernel=rbf,C=10,prob.model=TRUE)
└
```

```
┌─ 学習の結果 ─────────────
│ >irismodel
│ Support Vector Machine object of class "ksvm"
│ SV type: C-bsvc  (classification)
│  parameter : cost C = 10
│ Gaussian Radial Basis kernel function.
│  Hyperparameter : sigma =  0.1
│ Number of Support Vectors : 32
│ Objective Function Value : -5.8442 -3.0652 -136.9786
│ Training error : 0.02;   Probability model included.
└
```

```
┌─ 関数 fitted を用いた当てはめ ──────────────────────

>fitted(irismodel)
  [1]setosa     setosa     setosa     setosa     setosa
 ...
 [51]versicolor versicolor versicolor versicolor versicolor
 ...
[101]virginica  virginica  virginica  virginica  virginica
...
[146]virginica  virginica  virginica  virginica  virginica
Levels: setosa versicolor virginica
```

```
┌─ predict を用いた予測 ──────────────────────────

predict(irismodel, iris[,-5], type="probabilities")
           setosa     versicolor   virginica
  [1,]  0.982762340 0.0103068569 0.006930803
  [2,]  0.977134744 0.0150176414 0.007847614
    ...
[150,]  0.008891291 0.1101258558 0.880982853
```

[**例題 6.6**] パッケージ e1071 のカーネル関数を用いて iris の分類をせよ。

またパッケージ e1071 は KSVM だけでなく, naive Bayes classifier(ナイーブベイズ分類器) や k 近傍法 (generalized k-nearest neighbour) もサポートしているので, 興味のある読者は試してみるとよい。

```
┌─ SVM のチューニング ──────────────────────────

library("e1071")
iris.rlt<-svm(Species~.,data=iris,method="C-classification",
kernel="radial",cost=10, gamma=0.1)
```

チューニングの結果

```
> summary(iris.rlt)
Call:
svm(formula=Species~.,data=iris,method="C-classification",
    kernel = "radial", cost = 10, gamma = 0.1)
Parameters:
SVM-Type:  C-classification
SVM-Kernel:  radial
      cost:  10
Number of Support Vectors:  32 ( 3 16 13 )
Number of Classes:  3
Levels:  setosa versicolor virginica
```

学習した SVM を用いた予測図 6.4

```
plot(iris.rlt, iris, Petal.Width ~ Petal.Length,
slice = list(Sepal.Width = 3, Sepal.Length = 4))
iris.pred<-predict(iris.rlt,head(iris),decision.values=TRUE)
```

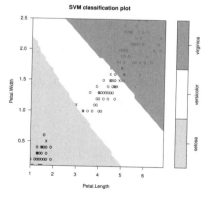

図 6.4　SVM によるアヤメ種の分類

[例題 **6.7**] 企業が倒産するかしないかの2値問題を分類せよ。

┌─ 2値グループのデータ生成と学習結果 ──────

```
> x <- rbind(matrix(rnorm(160),ncol=2),
> matrix(rnorm(160,mean=4),ncol=2))
> y <- matrix(c(rep(1,80),rep(-1,80)))
> svp <- ksvm(x,y,type="C-svc")
> svp
Support Vector Machine object of class "ksvm"
SV type: C-svc  (classification)
parameter : cost C = 1
Gaussian Radial Basis kernel function.
Hyperparameter : sigma =  3.33683743106443
Number of Support Vectors : 36
Objective Function Value : -8.2285
Training error : 0
```

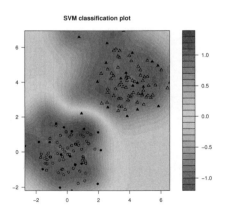

図 6.5　SVM による2値グループの分類

┌─ チューニングした SVM による判別の結果 ─

```
> predict(svp, x, type="decision")
              [,1]
  [1,]   1.0601190
  [2,]   1.0539190
...
 [80,]   1.0594170
 [81,]  -1.0003580
 [82,]  -0.9999675
...
[159,]  -1.0275068
[160,]  -1.0273885
```

　上記 predict の結果から分かるように, チューニングした SVM による判別結果の精度が高い。

## 6.5　One-Class SVM による異常値の検知

　高度情報化社会になった今日では, システムの異常値や, その他のレア・イベントなどの検知・予測, そしてその対応が重要な課題になっている。

　コンピュータシステムにおける不正侵入やネット攻撃を受けたとき, いち早くそれらを検出し対処することが急務である。また経済システムの分野においては, 種々の経済指標が乖離している傾向を見せているとき, その背後のシステムの構造変化 (Structural Change) や, 恒常的だと思われたパラメータの変化 (Change Point) が考えられる。

　本節はこれらの異常値の検出について, SVM(Support Vector Machine), One-Class SVM を用いる [17]-[22]。以下では One-Class SVM 方法の概要をまとめておく。またカーネル手法 (Kernel Trick) が計算処理時に用いられる。

　One-class SVM は Schölkopf によって最初に提案された。 教師信号なしの

データ $x_i (i = 1, \ldots, m)$ に対して, その初問題の設定は

$$
\min_{w, \xi, \rho} \frac{1}{2} w^T w + \frac{1}{\nu m} \sum_{i=1}^{m} \xi_i - \rho
$$
$$
w^T \phi(x_i) \geq \rho - \xi_i,
$$
$$
\xi_i \geq 0, i = 1, \ldots, m. \tag{6.21}
$$

となる。またその双対問題は

$$
\min_{\alpha} \frac{1}{2} \alpha^T Q \alpha
$$
$$
0 \leq \alpha_i \leq 1/(\nu m), i = 1, \ldots, m,
$$
$$
e^T \alpha = 1 \tag{6.22}
$$

となる。ここで, $Q_{ij} = K(x_i, x_j) \equiv \phi(x_i)^T \phi(x_j).$ 一方, 次のように書き換えられる。すなわち

$$
\min \frac{1}{2} \alpha^T Q \alpha
$$
$$
0 \leq \alpha_i \leq 1, \qquad i = 1, \ldots, m,
$$
$$
e^T \alpha = \nu m. \tag{6.23}
$$

となる。Lagrange 法を用いて決定関数が得られる。

$$
f(x) = sgn(\sum_{i=1}^{m} \alpha_i K(x_i, x) - \rho). \tag{6.24}
$$

**数値実験の結果**

　この節では, 2つの実験結果を示しておく。1）正弦関数にノイズを加えた例, 2）ネットワークトラフィックの異常値の例。

　[**数値実験 1**] 正弦関数にノイズを加えた例

　図 6.6 に示されているように, 正弦関数にノイズを加えたが, One-class SVM によって, 異常値の検出を試みたが, 大きな異常値はほぼ検出されて, 黒い三角マークで表されている。

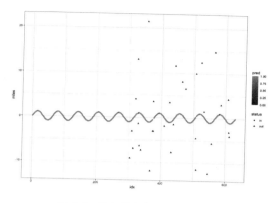

図 6.6 外れ値を含めたサイン波

繰り返しシミュレーションの結果を踏まえて，平均正解率は約 70-80% となる．

[**数値実験 2**] ネットワークトラフィックの異常値

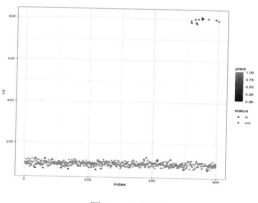

図 6.7 予測値

実験の設定：通常トラフィック量は N(100,10) に従うとし，通常は 100 前後となるが，時にはネット攻撃を受け，例えば，DoS 攻撃を受け，700 になったり

する。システム管理者はいち早くその事象をキャッチし，解析してアクション
を起こさなければいけない。図 6.7 ではトラフィックの変化を示している。設
定した 12 点の異常値は 700 前後になっていて，One-class SVM を用いた解析
した結果は，12 点全部を異常値として検出し認識できた一方，稀に通常期の高
いスポット値も異常値として挙げられていることが指摘できる。

　本節ではシステムに発生し得る異常値などの検出について，SVM, One-
Class SVM を検討した。SVM などの教師信号のある分類法は，一般的には精
度がやや高いと思われる。しかし現実の環境では必ずしも最初から教師信号が
得られるわけではない。そのため，教師信号なしの One-Class SVM がより精
度の高い検知ができよう。実際の運用にあたっては，SVM を学習した上で，判
別に使うのはより妥当であろう。

　**[演習問題]** 企業財務データを用いて，倒産の判別分析を行い，その結果を吟
味せよ。

---

### ◇ 本章の学習ポイント ◇

- クラスター分析，線形および非線形判別分析
- KSVM および One Class SVM
- パッケージ kernlab, e1701
- 関数 clust, dist, lda, ksvm

# 第II部

# 金融市場における計量分析

# 第7章

# 理財ツールおよびリスク管理

この章では，主に金融工学の分野において，収益率とリスク分析の基本について解説し，とりわけ株価収益率 (Return) の統計的特性 (極値分布 etc) について詳しく解析を行う。また VaR(Value at Risk) の測定や，投資ポートフォリオを構成する各資産の組み合わせの最適化や，Black-Scholes 公式による株価オプションへの評価や，CAPM(Capital Asset Pricing Model) に基づいたマーケット $\beta$ の求め方などについて，数値計算によって金融工学の基礎理論への理解を深めることを目指す。

| 収益率 | $1 + R_t = \frac{P_t}{P_{t-1}}, R_t = \frac{P_t - P_{t-1}}{P_{t-1}}$ |
|---|---|
| 多期間収益率 | $1 + R_t[K] = \frac{P_t}{P_{t-k}}$<br>$= \prod_{j=0}^{k-1}(1 + R_{t-j}), R_t[k] = \frac{P_t - P_{t-k}}{P_{t-k}}$ |
| 対数収益率 | $r_t = ln(1 + R_t) = ln\frac{P_t}{P_{t-1}}$ |
| 多期間対数収益率 | $r_t[k] = ln(1 + R_t[k])$<br>$= ln(1 + R_t) + \cdots + ln(1 + R_{t-k+1})$<br>$= r_t + r_{t-1} + \cdots + r_{t-k+1}$ |

表 7.1　各種収益率の定義と関連

収益率の定義と数式および関連性は表 7.1 にまとめている。研究や実際の取引で，リターンの分布は正規分布，対数正規分布，安定分布 (Stable Distribution) などと用いられている場合が多いが，異なる分布の仮定により，それぞれのメリットとデメリットがある。

簡単に言うと，正規分布や対数正規分布を仮定すると，理論的な導出や計算が便利である一方，Heavy tail という現象を捉えるためには，安定分布や，Student-t 分布などが現実世界に近い。しかしながら，安定分布は正規分布の特例を除き，分散が inf となるため，扱いにくい一面も指摘されている。また異なる分布の仮定により，Value at Risk の値も違ってくる [23][24]。

ここで，$w_i$ と $R_i$ をポートフォリオにおけるそれぞれの資産の投資ウェートと収益率とすると，ポートフォリオの収益率は $R_p = \sum_{i=1}^{N} w_i R_i$ となり，以下の式が得られる。

$$VaR = E(W) - W^*, \tag{7.1}$$

ここで，$W$ はポートフォリオの初期価値とし，すなわち，$W = W_0 \times (1 + R), W^* = W_0 \times (1 + R^*)$，また $R^* = -\alpha\sigma + \mu$ と $E(R) = \mu$ とすると，$VaR = -W_0 \times (R^* - \mu) = W_0(\alpha\sigma)$ となる。

$$VaR = W_0 \alpha \sigma \sqrt{\Delta t}. \tag{7.2}$$

$E(R_p) = \mu_p = \sum_{i=1}^{n} w_i \mu_i$ と $E(R_i) = \mu_i$ とし，ポートフォリオ収益率の分散は，$\sigma_p^2 = V(R_p) = \sum_{i=1}^{n} w_i^2 \sigma_i^2 + 2\sum_{i=1}^{n}\sum_{j<i}^{n} w_i w_j \sigma_{ij} = W^T \Sigma W$ となる。よって，異なる分散は異なる VaR を導く。すなわち，同じ分布であっても，分散が変われば，VaR 値も変わることになる。

[例題 **7.1**] VaR の計算例

VaR の計算例
```
op<-par(mfrow=c(2,1))
returns<-rnorm(250,0,1)
hist(returns)
plot(density(returns))
quantile(returns,  probs = c(1, 2, 5)/100)
```

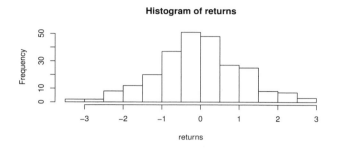

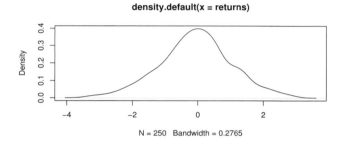

図 7.1　ヒストグラムと推定された密度関数

　図 7.1 にヒストグラム，推定密度関数が示されている．計算結果は以下のようになる．例えば，1% の VaR は $-2.690744$ となる．

```
1%, 2%, 5% の VaR 値

> op<-par(mfrow=c(2,1))
> returns<-rnorm(250,0,1)
> hist(returns)
> plot(density(returns))
> quantile(returns,  probs = c(1, 2, 5)/100)
       1%         2%         5%
-2.690744 -2.419579 -1.974343
```

## 7.1　ポートフォリオの最適化

資産が多数選択できる場合は, 以下のような 2 次計画問題として考えられる。

$$\min V(R_p) = \sum_{i=1}^{n} w_i{}^2 \sigma_i^2 + 2 \sum_{i=1}^{n} \sum_{j<i}^{n} w_i w_j \sigma_{ij} \tag{7.3}$$

すなわち

$$\min W^T \Sigma W \tag{7.4}$$

制約条件

$$\Sigma_{i=1}^{n} w_i = 1 \tag{7.5}$$

$$\Sigma_{i=1}^{n} w_i \mu_i \geq \mu_0 \tag{7.6}$$

$$w_i \geq 0 \tag{7.7}$$

ここで, $\Sigma, W$ はそれぞれ, 分散共分散行列, 選択された資産への投資ウェート行列である。$\mu_0$ は投資家が期待する収益率の最低ラインである。

この問題は R の 2 次計画法パッケージである quadprog を利用して解くことができる。以下はそのプログラムになる。ここで, 分かりやすくするため, 投資資産は 3 つとし, 100 日のリターンの観測値が得られているとする。資産数と日数を変えたければ, プログラム中のパラメータ $n_1$ と $n_2$ の値をセットすればよい。

理論上は, 2 次計画法 (Quadratic Programming) の解析解は以下のようになる。すなわち, 制約条件

$$A^T b >= b_0. \tag{7.8}$$

の下で, 解は

$$min(-d^T b + 1/2 b^T D b) \tag{7.9}$$

となる。

実際, プログラムの中で, $n1, n2$ をそれぞれ投資可能な資産数 ($n1 = 3$), 過去の日次収益率時系列データ数 ($n2 = 100$) とする。正規乱数を生成して return に行列 ($n2 \times n1$) の形式で収益率として保存する。

関数 cov(return) は return の分散共分散行列を計算する。パッケージ quad-prog の関数 solve.QP(D,d,A,b=b,meq=1) を利用して数値結果を求めて、result に結果を入れる。

┌─ 2次計画法による最適ウェートの算出と計算結果 ─────────

```
library(quadprog)
n1 <- 3; n2<-100; rtn_size<-n1*n2;
return <- matrix(rnorm(rtn_size,0.01,0.50), ncol=n1)
return[,n1] <- return[,n1]+0.10
D <- cov(return)
d <- rep(0,n1)
E <- matrix(0,nrow=n1,ncol=n1)
diag(E) <- 1
A <- cbind(rep(1,n1),apply(return,2,mean),E)
b <- c(1.0, 0.020, rep(0,n1))
result<- solve.QP(D,d,A,b=b,meq=1)
> result
$solution
[1] 0.3332789 0.3994217 0.2672994
$value
[1] 0.04812723
$unconstrained.solution
[1] 0 0 0
$iterations
[1] 2 0
$Lagrangian
[1] 0.09625447 0.00000000 0.00000000 0.00000000 0.00000000
$iact
[1] 1
```

　そして以下の各文で最適ウェートの和, $W^T \Sigma W/2$, および最低期待収益率をそれぞれ求める。結果から最適ウェートの和は 1 で, 最低期待収益率は 2% 以上になっていることが確認できよう。

```
 計算結果の確認
sum(result$sol)
[1] 1
t(matrix(result$sol))%*%D%*%matrix(result$sol)/2
          [,1]
[1,] 0.04812723
t(matrix(result$sol))%*%matrix(apply(return,2,mean))
          [,1]
[1,] 0.027655
```

## 7.2　オプションと Black-Scholes 公式

　近年, 金融市場において, 従来の金融商品に加えて, 数多くのハイブリッドな金融商品が開発され, 機関投資家だけでなく, 個人投資家も積極的に運用している。その中の代表的なものとして, オプション (option) という商品が挙げられる。オプションは 2 種類ある。すなわち, コールオプション (call option) とプットオプション (put option) である。オプションというのは, 投資家があらかじめ決められた価格で, 将来ある資産を購入 (売却) することである。

　オプション評価にはブラック-ショールズ (Black-Scholes) が提案したBS(Black-Scholes) 公式が代表的なものである。オプション取引においても, BS 公式は実価格に乖離が指摘されているものの, よく評価の目安として使われている。実際, 1988 年に, シカゴ・マーカンタイル取引所が提案した証拠金推定法, SPAN(Standard Portfolio Analysis of Risk) に大きな影響を与えている。

　オプション価値評価には BS 公式がよく使われている。ここで, まず, $\mu$, $\sigma$ および $r$ はそれぞれ, 原資産である株価の変動の平均 (drift), 株価の変動のば

らつきを表すボラティリティ (volatility), およびリスクフリー (risk free) 利子率とする。また $S_t$ と $K$ はそれぞれ $t$ 時刻の株価, 将来の行使価格とする。BS公式は次のようになる。すなわち

$$C(S_t, t) = S_t N(d_1) - K e^{-r(T-t)} N(d_2) \tag{7.10}$$

が得られる。ただし,

$$N(x) = \frac{1}{\sqrt{2\pi}} \int_{-\infty}^{x} e^{-\frac{y^2}{2}} dy \tag{7.11}$$

$$d_1 = \frac{\log(\frac{S_t}{K}) + (r + \frac{\sigma^2}{2})(T-t)}{\sigma\sqrt{T-t}} \tag{7.12}$$

$$d_2 = \frac{\log(\frac{S_t}{K}) + (r - \frac{\sigma^2}{2})(T-t)}{\sigma\sqrt{T-t}} \tag{7.13}$$

となる。

しかしながら, BS 公式の問題点はいくつか指摘されている。その中, 特に正規分布に従うという前提がしばしば満たされていないという問題が大きい。正規分布でなく, 裾の厚い分布の場合, 例えば, $t$ 分布など, BS の解は市場価格から乖離することもありうるし, BS 公式の適用は困難であると指摘されている。

[例題 **7.2**] BS 公式によるオプションの価格算出。ここで, values[1] と values[2] にはそれぞれコールとプットオプションの評価値が入っている。

┌─ BS 公式によるオプション価格の評価 ──────

```
blackscholes <- function(S, X, rf, T, sigma) {
    values <- c(2)
    d1 <- (log(S/X)+(rf+sigma^2/2)*T)/sigma*sqrt(T)
    d2 <- d1 - sigma * sqrt(T)
    values[1] <- S*pnorm(d1) - X*exp(-rf*T)*pnorm(d2)
    values[2] <- X*exp(-rf*T) * pnorm(-d2) - S*pnorm(-d1)
    values
    }
```

上記関数を利用した数値例は次のようになる。

┌─ BS 公式による評価の具体例 ─────────────

```
val<-matrix(0,10,2);
sig<-numeric(10);
sig[1]<-0.55;
blackscholes(10,20,0.05,1,sig[1]);
[1] 0.4417607 9.4663491
```

ここで, ボラティリティ ($\sigma$(sig)) が大きくなるにつれて, それぞれの評価値の変化を図 7.2(上) に示す。

┌─ $\sigma$ が大きくなるときの評価値 ─────────────

```
for (i in 1:10)
{
sig[i+1]<-sig[i]+0.1
val[i,]<-blackscholes(10,20,0.05,1,sig[i])
}
> val;
          [,1]      [,2]
[1,] 0.4417607  9.466349
[2,] 0.7370911  9.761680
...
[9,] 3.4131602 12.437749
[10,] 3.8006339 12.825222
```

┌─ 4 × 4 のグラフ Window の設定, 2 個のグラフを作成 ─────────────

```
par(mfrow=c(2,2));
plot(sig[1:10],val[,1],main="Call",xlab="sigma",ylab="v")
plot(sig[1:10],val[,2],main="Put",xlab="sigma",ylab="v")
```

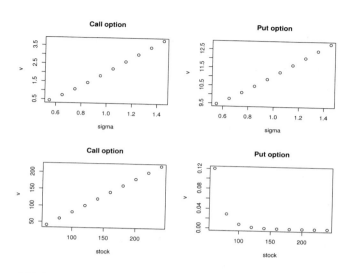

図 7.2  sigma(上) と stock(下) の変化時のオプション評価値変化

一方, 株価 (Stock) が増えていくときの評価値の変化を図 7.2(下) に示す.

┌─ 価格が大きくなるときの評価値 ─────────

```
val<-matrix(0,10,2); stock<-numeric(10); stock[1]<-60
for (i in 1:10)
{
stock[i+1]<-stock[i]+20;
val[i,]<-blackscholes(stock[i],20,0.05,1,0.55);
}
> val;
           [,1]           [,2]
 [1,]   41.09584 1.204308e-01
  ...
 [10,] 220.97543 1.453689e-05
```

また図 7.2(下) の作成を行う。

― 下の 2 個グラフの作成 ―――――――

```
plot(stock[1:10],val[,1],main="Call",xlab="stock",ylab="v")
plot(stock[1:10],val[,2],main="Put",xlab="stock",ylab="v")
```

以上, BS 公式のコードを示した。また一部変数の変化につれて, オプション評価値変化の様子を調べてみた。興味のある読者は他の変数が変わったときはどうなるかを調べてみるとよい。

[例題 7.3] 日経 225 総合指数と日立の株価 (月次データ) を用いた CAPM の $\beta$ を算出する (期間: 2020 年 1 月 1 日-2022 年 1 月 1 日)。

― CAPM の $\beta$ の算出 ―――――――

```
stock<-read.csv(file="N225M.csv",header=T)
stock_H<-read.csv(file="6501M.csv",header=T)
rN<-diff(log(stock$Close)); rH<-diff(log(stock_H$Close))
result<-lm(rH~rN)
> summary(result)
Call:  lm(formula = rH ~ rN)
Residuals:
      Min       1Q    Median        3Q       Max
-0.113248 -0.041658 -0.003772  0.043566  0.098043
Coefficients: Estimate Std. Error t value Pr(>|t|)
(Intercept) 0.007777   0.011170   0.696     0.494
rN          1.007696   0.201936   4.990  5.4e-05 ***
Signif.codes:0 '***' 0.001 '**' 0.01 '*' 0.05 '.' 0.1 ' ' 1
Residual standard error:0.05436 on 22 degrees of freedom
Multiple R-squared: 0.5309,Adjusted R-squared:  0.5096
F-statistic:  24.9 on 1 and 22 DF,  p-value: 5.395e-05
```

従って, $\beta = 1.007696$ となる。あるいは以下のように求めればよい。

```
┌─ β の算出 ──────────────────────────────
│
│ >cov(rH,rN)/var(rN)
│ [1] 1.007696
│
└────────────────────────────────────────
```

計算結果から分かるように, $\beta$ は約 1 となり, マーケットリスクと同じくらいと推定できよう。

## 7.3 極値理論と応用例

本節はまず, 極値理論 (EVT: Extreme Value Theory) について, その概略をまとめておく。

$$M_n = max\{X_1, \ldots, X_n\} \tag{7.14}$$

ここで, $X_1, \ldots, X_n$ は独立の確率変数で同一分布関数 $F$ を有している。応用問題では, $M_n$ はある一定の時間区間内の最大値に対応している。例えば, 金融工学では株価や収益率の月次最大値に, 水文科学では月次最大降水量等々に対応していることが考えられる。

そしてこの極大値の分布を考慮すると, 以下のようになる。

$$\begin{aligned} Pr\{M_n \leqq z\} &= Pr\{X_1 \leqq z, \ldots, X_n \leqq z\} \\ &= Pr\{X_1 \leqq z\} \times \cdots \times Pr\{X_n \leqq z\} \\ &= \{F(z)\}^n \end{aligned} \tag{7.15}$$

ここで, $F(z)$ 自体はわからないが, もし $a_n > 0$ の下で, $n \to \infty$ のとき

$$Pr\{\frac{M_n - b_n}{a_n} \leqq z\} \to G(z) \tag{7.16}$$

と収束し, しかも $G(z)$ は非退化分布関数であれば, $G(z)$ は以下のようになる。これは一般極値分布 (GEV: Generalized Extreme Value) と呼ぶ。すなわち,

$$G(z) = exp\{-[1 + \xi(\frac{z - \mu}{\sigma})]^{-\frac{1}{\xi}}\} \tag{7.17}$$

ここで, $\xi, \mu, \sigma$ はそれぞれ, shape, location, scale と呼ぶ。

　もっと詳しく分類すると, $G(z)$ は以下の 3 つの分布タイプに細分することができる。

1)Gumbel 分布族

GEV 分布において, $\xi = 1/n, \mu = 0, \sigma = 1$ とし, $n \to \infty$ とすると,

$$G_I(z) = exp[-exp\{-(\frac{z-\mu}{\sigma})\}] \quad -\infty < z < \infty \qquad (7.18)$$

が得られる。

　同じく $\xi > 0, \xi = 1/k, \mu = 1, \sigma = 1/k$ とすると,

2)Frecht 分布族

$$G_{II}(z) = \begin{cases} -exp\{-(\frac{z-\mu}{\sigma})^{-k}\} & z > \mu \\ 0 & z \leqq \mu \end{cases} \qquad (7.19)$$

が得られる。

　同様に $\xi < 0, \xi = -1/k, \mu = -1, \sigma = 1/k$ とすると,

3)Weibull 分布族

$$G_{III}(z) = \begin{cases} -exp\{-(-\frac{z-\mu}{\sigma})^{k}\} & z < \mu \\ 1 & z \geqq \mu \end{cases} \qquad (7.20)$$

が得られる。

　また, $M_n^* = min\{X_1, \ldots, X_n\} = -max\{-X_1, \ldots, -X_n\}$ により, 極小値分布 $G(z^*)$ は

$$G(z^*) = 1 - G(-z) \qquad (7.21)$$

が得られる。

## 7.3.1　極値理論の応用

　この節では, 極値理論の応用の実例を示しておく。R を用いた GEV 分布のパラメータを推定するにあたって, パッケージ extRemes を使えば, 推定が容易にできる。以下, 例題を通して, パッケージ extRemes の使い方を紹介する。

[例題 **7.4**] イギリスのある地点の冬の最高温度 (TMX1) のデータを用いて，その極大値分布を推定する。似た応用問題としては降水量や河川の流量等の極値分布，災害のリスクの推定への適用が考えられる。

ここで，関数 data を用いてパッケージが用意した冬の最高温度のデータセットを読み込む。

```
冬の最高温度の極大値分布の推定
library(extRemes)
data("PORTw",package="extRemes")
plot(PORTw$TMX1,type="l",xlab="year",
ylab="Max winter temperature")
#極大値分布の推定
fit1<-fevd(TMX1,PORTw,units="deg C")
```

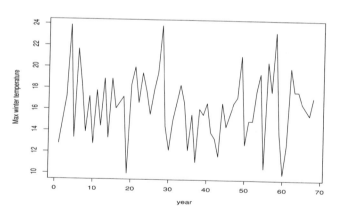

図 7.3　冬の最高温度

推定された冬の最高温度の極大値分布のパラメータとリターンレベル (Return Level)，およびその信頼区間は次のようになる。

---

極大値分布のパラメータの推定結果 ─────

```
> fit1
fevd(x = TMX1, data = PORTw, units = "deg C")
[1] "Estimation Method used: MLE"
 Negative Log-Likelihood Value:  172.7426
 Estimated parameters:
  location      scale       shape
15.1406132  2.9724952  -0.2171486
 Standard Error Estimates:
  location      scale       shape
0.39745119 0.27521741 0.07438302
 Estimated parameter covariance matrix.
             location       scale        shape
location  0.15796745  0.01028664 -0.010869596
scale     0.01028664  0.07574462 -0.010234809
shape    -0.01086960 -0.01023481  0.005532834
 AIC = 351.4853 , BIC = 358.1438
```

---

リターンレベルの推定 ─────

```
>return.level(fit1)
fevd(x = TMX1, data = PORTw, units = "deg C")
get(paste("return.level.fevd.", newcl, sep = ""))(x = x,
+ return.period= return.period)
[1] "GEV model fitted to TMX1 (deg C)"
Data are assumed to be  stationary
[1] "Covariate data = PORTw"
[1] "Return Levels for period units in years"
  2-year level  20-year level 100-year level
      16.18784       21.64721       23.78810
```

┌─ リターンレベルの信頼区間 ─────────────────────────
```
> return.level(fit1,do.ci=T)
fevd(x = TMX1, data = PORTw, units = "deg C")
[1] "Normal Approx."

                        95% lower CI Estimate 95% upper CI
2-year return level        15.38132 16.18784      16.99437
20-year return level       20.40183 21.64721      22.89258
100-year return level      21.79181 23.78810      25.78439
```
└─────────────────────────────────────────────

そしてまとめた推定結果の出力は以下のようになる。

┌─ まとめた推定結果の出力 ─────────────────────────
```
> ci(fit1,return.period=c(2,20,100))
fevd(x = TMX1, data = PORTw, units = "deg C")
[1] "Normal Approx."

                        95% lower CI Estimate 95% upper CI
2-year return level        15.38132 16.18784      16.99437
20-year return level       20.40183 21.64721      22.89258
100-year return level      21.79181 23.78810      25.78439
> ci(fit1,type="parameter")
fevd(x = TMX1, data = PORTw, units = "deg C")
[1] "Normal Approx."

           95% lower CI    Estimate 95% upper CI
location   14.3616232 15.1406132   15.91960323
scale       2.4330790  2.9724952    3.51191143
shape      -0.3629366 -0.2171486   -0.07136053
```
└─────────────────────────────────────────────

また plot(fit1) で診断図 7.4 を作成する。図 7.4 では, 推定された極大分布と経験分布と比較して, 裾や密度関数などほぼ一致していることが分かる。また推定された裾の信頼区間および Return Period の信頼区間を示している。

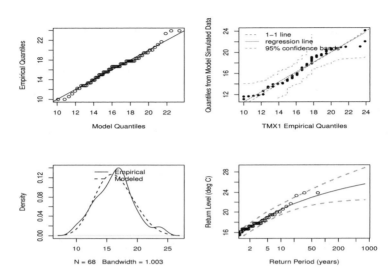

fevd(x = TMX1, data = PORTw, units = "deg C")

図 7.4　冬の最高温度の診断図

[例題 **7.5**] IBM の株価 (1962 年 7 月 3 日から 1998 年年 12 月 31 日まで) を用いて，対数収益率を計算し，最大値分布と最小値分布のパラメータの推定を行った。Tsay(1990) に公表されているデータを利用している [25]。

極値定理では，個々のサンプルが互いに独立であることを前提としている。ここで，IBM の収益率の自己相関関数をチェックしておこう。その系列相関を確認する。

図 7.5 では ACF はほとんど相関がないことが示されていて，極値定理の条件は満たされていると見なされる。

計算プログラムは，まずは初心者にも理解できるように，分かりやすく書いておこう (n=21, g=437 の場合)。

下記のプログラムを実行すると，以下の推定結果が得られる。

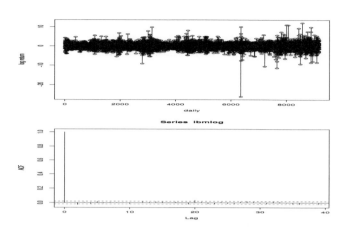

図 7.5　IBM 株価の対数収益率 (上) とその自己相関関数 (下)

IBM 株の対数収益率の極値 (n=21, g=437) の取得と推定

```
ibmdat <- read.delim("d-ibmln98.dat")
ibmlog<-ibmdat$X0.4280
temp21_min<-numeric(437); temp21_min[1]<-0
temp21_max<-numeric(437); temp21_max[1]<-0
s<-1; mm<-0;
for (i in 1:437)
{
        mm<-(s-1)*21
        temp21_min[s]<-min(ibmlog[(1+mm):(21+mm)])
        temp21_max[s]<-max(ibmlog[(1+mm):(21+mm)])
        s<-s+1
}
fit21min<-fevd(-temp21_min)
```

　上記のコードを実行すると, IBM 株の極小値分布への推定結果は以下のよう
になる。

┌─ IBM 株の極小値分布への推定結果 ──────────────

```
> fit21min
fevd(x = -temp_min)
[1] "Estimation Method used: MLE"
 Negative Log-Likelihood Value:   648.8356
 Estimated parameters:
 location       scale       shape
1.8800230 0.8116952 0.2050980
 Standard Error Estimates:
  location        scale        shape
0.04355957 0.03452522 0.03603849
```

┌─ IBM 株の極小値分布への推定結果 (続き) ──────────

```
 Estimated parameter covariance matrix.
                location           scale           shape
location   0.0018974365   0.0008421855 -0.0004329624
scale      0.0008421855   0.0011919906 -0.0000202109
shape     -0.0004329624 -0.0000202109   0.0012987725
AIC = 1303.671 , BIC = 1315.911
```

　極小値分布 $G(z^*)$ は上述したように (式 6.19), $G(z^*) = 1 - G(-z)$ で得ら
れるので, 実際, $G(z^*)$ における $\mu$(location), $\sigma$(scale), $\xi$(shape) は次の表 7.2
のようになる。

| $\mu$ | $\sigma$ | $\xi$ |
|---|---|---|
| $-1.8800230$ | 0.8116952 | 0.2050980 |

表 7.2　推定された $\mu, \sigma, \xi$ 値

また plot(fit21min) で推定結果の診断図 7.6 を作成する。図 7.6 には経験分布と推定された分布の qqplot, またそれらの密度関数がほぼ一致していることが読み取れよう。さらに quantiles, return period に関する信頼区間を示している。

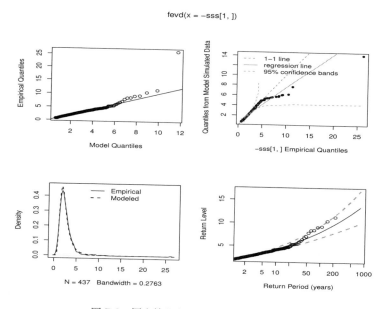

図 7.6　極小値分布 $n = 21$ のときの診断図

同様に次は得られた極大値系列を使って，その極大値分布への推定を行う。結果は表 7.3 にまとめている。

| $\mu$ | $\sigma$ | $\xi$ |
|---|---|---|
| 2.1789218 | 0.9265917 | 0.1678261 |
| Negative Log-Likelihood | AIC | BIC |
| 697.9838 | 1401.968 | 1414.207 |

表 7.3　極大値分布の推定値

　同様に n=63, g=145 などの場合も書ける。

　まとめると，表 7.4 になる。表に示されたように，月間から年間までの区間の増大により，極値を取る期間が減少していて，年間推定では，変動が大きくなっていることはデータと図から確認されよう。

| 期間 (極小値) | $\mu$ | $\sigma$ | $\xi$ |
|---|---|---|---|
| 月次 (n=21) | $-1.8800230$ | 0.8116952 | 0.2050980 |
| 四半期 (n=63) | $-2.5795354$ | 0.9425130 | 0.3351958 |
| 年間 (n=252) | $-3.7856193$ | 1.5664280 | 0.3188817 |
| 期間 (極大値) | $\mu$ | $\sigma$ | $\xi$ |
| 月次 (n=21) | 2.1789218 | 0.9265917 | 0.1678261 |
| 四半期 (n=63) | 3.006969 | 1.154292 | 0.216278 |
| 年間 (n=252) | 4.4751783 | 1.6245318 | 0.2636256 |

表 7.4　(まとめ) 推定された $\mu, \sigma, \xi$ 値

　一方，表 7.4 の結果は，別のソフトウェアを利用した Tsay(1992) の結果とほぼ小数点 2 桁台まで一致している。

　図 7.7 と 7.8 はそれぞれ極小値分布 $n = 63, 252$ のときの診断図になるが，図からも確認できるように期間が長くなるにつれて，極小値分布の当てはめは段々と変動が大きくなってきている。

　他方，図 7.9, 7.10 および 7.11 は $n = 21, 63, 252$ のときの極大値分布の診断図になるが，極大値分布の当てはめの良さを示している。極小値の場合と似たように，期間が長くなると，当てはめは次第に変動が高くなる。

　本章ではポートフォリオの最適化や，Black-Scholes 公式や，CAPM の $\beta$ 値や，極値理論に基づいた極値分布の推定などについて述べた。特に数値例として関心の高まっている環境問題の 1 つである気温変化の問題や株価収益率問題などにおける極値分布の推定を取り上げた。

[演習問題] 日経 225 などのデータを収集して対数収益率 $R_t = log(S_t/S_{t-1})$ を計算し，異なる期間の極値分布を推定してみよ。

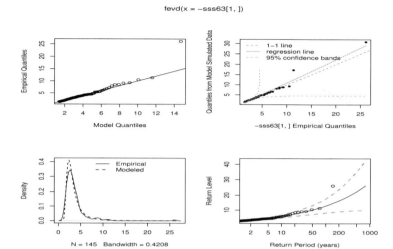

図 7.7 極小値分布 $n = 63$ のときの診断図

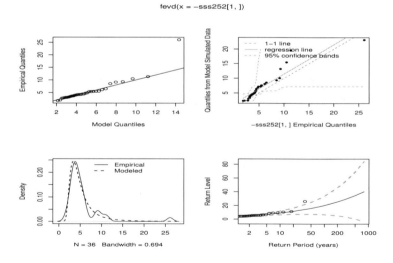

図 7.8 極小値分布 $n = 252$ のときの診断図

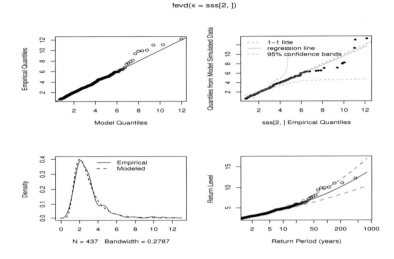

図 7.9　極大値分布 $n = 21$ のときの診断図

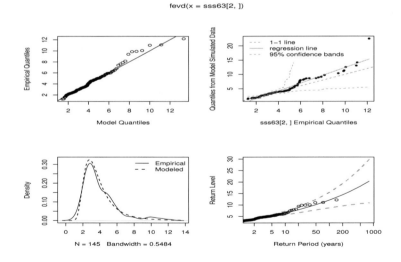

図 7.10　極大値分布 $n = 63$ のときの診断図

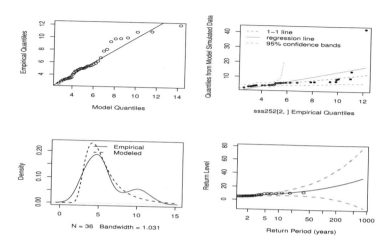

図 7.11　極大値分布 $n = 252$ のときの診断図

◇ **本章の学習ポイント** ◇

- 2 次計画法によるポートフォリオのリスクの最小化
- BS 公式および CAPM の $\beta$ の計算
- 極値分布の推定とその応用
- パッケージ quadprog, extRemes

　[**付録**] 実際, 関数を定義してもっと洗練されたプログラムが作られる。例えば, 以下の関数を定義して, 計算時は引数を代入して実行すればよい。

IBM 株の極大値分布の推定 (期間＝21 日)

```
min_max<-function (n,g)
{
s<-1
mm<-0
temp_min<-numeric(g)
temp_min[1]<-0
temp_max<-numeric(g)
temp_max[1]<-0
for (jj in 1:g)
{
        mm<-(s-1)*n
        temp_min[s]<-min(ibmlog[(1+mm):(n+mm)])
        temp_max[s]<-max(ibmlog[(1+mm):(n+mm)])
        s<-s+1
}
mix<-rbind(temp_min,temp_max)
return(mix)
}
sss<-min_max(21,437)     #関数の引数 (n,g) に値の代入, 計算
fitmin<-fevd(-sss[1,])   #極小値分布推定,sss[1,]:極小値の集まり
plot(fitmin)             #診断グラフの作成
fitmax<-fevd(sss[2,])    #極大値分布推定,sss[2,]:極大値の集まり
plot(fitmax)
```

# 第8章

# 金融時系列転換点の検出

　時系列データから転換点 (Change Point) を検出するのに, 数多くの方法が提案されている [26]-[33]。2008 年 8 月に勃発した金融危機の直後から 2012 年末にかけて, 株式市場, 外国為替市場とも, 急激な変動を呈し乱高下を見せ, 後ほど大きく下落したことが観測されていたが, いちはやくそうした転換点を検出することが重要である。本章では, 転換点を検出する数理的な手法について検討・提案し, シミュレーションおよび実証分析をもって, 提案アルゴリズムの有効性を確認する。

　以下, 第 1 節では, 金融危機直後の経済状況, 特にマーケットの推移について, 数値データを示しながら, マーケットの急激な変化に転じたことを考察する。第 2 節においては, 資産価値などの時系列データが急激な変化を転じたときに, ポートフォリオの再構築, ならびにリスクの再評価の必要性を論じる。第 3 節は転換点を検出するための数理的手法を展開する。第 4 節は数値シミュレーションおよび実際の市場データを用いた実証分析を行い, 提案手法の有効性と妥当性を確認する。

## 8.1　マーケットの急激な変動

　2008 年 8 月, リーマンショックをきっかけに金融危機が勃発し, 米国ドルをはじめ, ユーロ, イギリスポンド, オーストラリアドル, 韓国ウォンなどの主要

通貨に対する日本円・中国人民元の為替レートは急速に下落したと同時に，日本，中国，ドイツ，フランス等の世界主要経済国の株価総合指数は，暴落した米国総合株価指数に連動して，ほぼ一斉に急落した。それまである程度安定していた株式市場，外国為替市場が崩壊するとともに，その他の金融市場にも大きな混乱を招いた。

　とりわけ株式市場を見ると，ニューヨーク証券取引市場 (NYSE) の DOW 平均指数急落をきっかけに，日経平均指数 (NIKKEI225)，上海株式総合指数 (SSE)，ドイツ (DAX) ，イギリス (FTSE100) 等といった主要経済国の株価は大幅に下落した。特に国内外の金融機関の信用が大きく失墜し，金融機関間の流動性リスク (Liquidity Risk) が著しく高まり，アメリカをはじめ，日本，中国，ドイツ等主要経済国の金融業に大きなダメージを与え，金融危機症候群が現われてきた。

　2008 年 8 月の金融危機は，米国の証券会社リーマン・ブラザーズ (Lehman Brothers) の破綻をきっかけに勃発した。当時の DOW 平均株価指数は約 20,000 ドルの水準から 10,000 ドル位まで暴落し，その悪影響はたちまち世界中の金融市場を駆け回った。表 8.1 は，当時各種主要金融市場の指数の変動をまとめたものである。各総合株価指数は金融危機後に達した最安値およびその日付を示している。各総合指数は，約 3 ヵ月後に最安値に達したことが表から読み取れる。言い換えれば，金融危機の影響は，即座の反応よりも，約 3 ヵ月をかけて，グローバル経済に悪影響を拡散していったことが言えよう。

| 総合株価指数 | DOW (米国) | N225 (日本) | SSE (中国) | DAX (ドイツ) | FTSE100 (イギリス) |
|---|---|---|---|---|---|
| 金融危機前 | 11000 台 | 18000 台 | 2000 台 | 8000 台 | 5000 台 |
| 金融危機後 | 7552 | 6994 | 1717 | 4127 | 3781 |
| 最安値の日付 | 11/20 | 10/15 | 11/06 | 11/21 | 11/21 |

表 8.1　2008 年主要市場の株価指数の変動 (最安値)

　そもそも 1992 年頃，IT バブルをきっかけに，DOW 平均株価指数は右肩上がりの成長を続けており，その後，2002 年頃，ICT バブルの崩壊により，株価が

大きく下落した。その後, バイオ技術等の新興産業により, 株価が徐々に回復していったが, その後, サブプライムローンの問題で, 逐次に不動産・金融市場がおかしくなり, 経済全体への影響が広がった。

当初, このアメリカ発の金融危機は, 実経済にあまり影響が出ていないという楽観的な見解も専門家や研究者の間にはあったが, そのマイナスの影響は, 株式市場には, 3 ヵ月かけて最悪のときを迎えた。しかも次第に他分野にも拡大し, 国境を越え, 金融業に限らず世界経済に計り知れない打撃を与えていたことが徐々に浮き彫りになっていった。

金融危機の前, 金融立国と称するアイスランドは, 高金利を標榜して海外資金を大量に呼び込み, 経済成長を見せていた。しかし同国の金融機関が 2008 年の金融危機に襲われ, 資金繰り (流動性) が著しく困難な状態に陥ると, 投資家に約束した高金利を返せなくなり, 発行した債券のデフォルト (Default) が相次いだ。そのうち, 2008 年 10 月, 同国のカウプシング銀行が円建てで起債したサムライ債 (780 億円) がデフォルトしたことは日本の多くの投資家に衝撃を与えた。またイギリスの一部の年金運用も担当した同国の銀行は, 同じく元本さえ返せなくなり, 産業基盤のない金融立国の脆さが明らかになり, 両国の関係にも大きな影を落とす形となった。

2008 年の金融危機のもう一つの悪影響は, 株式市場とよく似通っていた外国為替市場の崩壊である。8 月に外国為替レートは頻繁に大幅な変動を見せ, とりわけ, 米ドルや, ユーロなどの主要通貨の対日本円の為替レートが暴落し, また事実上に英国ポンドとペッグしている豪州ドルも大きく下落したと同時に, 急激な日本円高が進み, 1 米ドルは 80 円になり, 1992 年頃の円高以上に急進した。

|  | 米国ドル | ユーロ | 人民元 | イギリスポンド | 豪州ドル |
|---|---|---|---|---|---|
| 金融危機前 | 110 | 160 | 12 | 250 | 95 |
| 金融危機後 | 80 | 110 | 8 | 130 | 68 |

表 8.2 外国為替市場の主要通貨為替レートの変動 (対日本円)

## 8.2　転換点を検出する必要性

　たとえ金融危機のような経済危機が起きていない時期においても，上場企業
の経営状態 (経常収支の状況，債務デフォルト，あるいは技術イノベーションの
有無等) による株価への影響は大きく，投資者による資産運用への影響も大き
い。加えて，会社のスキャンダルや，風評被害等も資産運用に深く関わるリス
ク要因であろう。

　資産価値の変動に連動してポートフォリオに組み込まれた各資産の収益率や
リスクも変動し，投資者は素早く市場変動に対応し，各資産の重み (Weight) な
いしは資産種類を調整せざるを得ない状況を強いられている。一般的には投資
戦略としては,1) 投資タイミングの時間的分散，2) 投資先分散，3) 投資商品種
類の分散ということが講じられている。

　投資期間中における資産のボラティリティあるいは分散は一定であるという
前提が置かれているわけである。さらに資産の評価価値に関わる分散だけでは
なく，収益率水準も変わってしまう場合があり，そうなれば，従来の理論に基づ
いたポートフォリオの再構築が余裕なく強いられることとなる。

　資産管理におけるポートフォリオの構成，組み込まれる資産種類の選択およ
びそれぞれの最適ウェートの決定には，やはり，市場変動の安定期と，急激な変
化が現れる時期の間に，転換点 (CP: Change Point) が存在する [26]-[31]。こ
のことにより，従来の資産価格の変動区間における転換点を検出し，考慮する
時系列区間をいくつかのサブ区間に分割して，資産の変動を考えなければなら
ないのであり，従来の理論への適用の細緻化を図るべきである。

## 8.3　CP 検出の数理的手法

　これらの転換点については，まずは，統計的な手法を用いて検出することが
第一歩である。次に検出された転換点 (複数の場合も含む) によって，投資プラ
ンを改めてポートフォリオの最適化を図り，投資全体の最適化を実現していく
必要がある。

　本節においては, 時系列データにおける転換点の検出法に関する理論的方法論を検討する。今まで様々な検出方法が提案されてきたが [26]-[31], 一般的には時系列データの分散において, 時変的 (Time Varying) か否かに関わる転換点の検出は, 以下の数理統計の検定法が取れる場合が多い。

　帰無仮説では, ポートフォリオの構成資産の評価値の分散が一定と仮定されているのに対して, 対立仮説では, 分散は変化する場合もあるとして, 分散が変化したタイミングを統計的に検出できれば, 帰無仮説が棄却される。

　一般的に以下のモデルが考えられる。

$$H_0 : \sigma_1^2 = \sigma_2^2 = \cdots = \sigma_n^2 = \sigma^2 \tag{8.1}$$
$$H_1 : \sigma_1^2 = \sigma_2^2 = \cdots = \sigma_k^2 \neq \sigma_{k+1}^2 = \ldots \sigma_n^2 \tag{8.2}$$

ここで, $k+1$ は転換点である。

まず, $H_0$ の下での尤度関数は

$$logL_0(\sigma^2) = -\frac{n}{2}log2\pi - \frac{n}{2}log\sigma^2 - \frac{\sum_{i=1}^{n}(x_i-\mu)^2}{2\sigma^2} \tag{8.3}$$

となり, $\hat{\sigma}^2$ の最尤推定量 (MLE:Maximum Likelihood Estimation) は

$$\hat{\sigma}^2 = \frac{\sum_{i=1}^{n}(x_i-\mu)^2}{n} \tag{8.4}$$

となり, 対数尤度は

$$logL_0(\hat{\sigma}^2) = -\frac{n}{2}log2\pi - \frac{n}{2}log\hat{\sigma}^2 - \frac{n}{2} \tag{8.5}$$

となる一方, $H_1$ の下で対数尤度関数は以下のようになる。すなわち,

$$logL_1(\sigma_1^2, \sigma_n^2) = -\frac{n}{2}log2\pi - \frac{k}{2}log\sigma_1^2 - \frac{n-k}{2}log\sigma_n^2 \tag{8.6}$$
$$-\frac{\sum_{i=1}^{k}(x_i-\mu)^2}{2\sigma_1^2} - \frac{\sum_{i=k+1}^{n}(x_i-\mu)^2}{2\sigma_n^2}$$

ここで, $\sigma_1^2, \sigma_n^2$ の最尤推定量 $\hat{\sigma_1}^2, \hat{\sigma_n}^2$ は

$$\hat{\sigma}_1^2 = \frac{\sum_{i=1}^{k}(x_i-\mu)^2}{k} \tag{8.7}$$

$$\hat{\sigma}_n^2 = \frac{\Sigma_{i=k+1}^n (x_i - \mu)^2}{n - k} \qquad (8.8)$$

となり，その対数尤度は

$$logL_1(\hat{\sigma}_1^2, \hat{\sigma}_n^2) = -\frac{n}{2}log2\pi - \frac{k}{2}log\hat{\sigma}_1^2 - \frac{n-k}{2}log\hat{\sigma}_n^2 - \frac{n}{2} \qquad (8.9)$$

となる。従って，対数尤度比統計量 $\lambda$ は以下のように計算される。

$$\lambda = LogL_0(\sigma_1^2, \sigma_n^2) - LogL_1(\hat{\sigma}_1^2, \hat{\sigma}_n^2) \qquad (8.10)$$

ここで，帰無仮説が正しければ，$-2\lambda$ は $\chi^2$ 分布に従う。もし帰無仮説が棄却されれば，転換点の存在を意味する。こうして実際に時系列データのボラティリティの転換点の有無をチェックすることによって，ポートフォリオに組み込まれている各資産をボランティリティのあり得る変化に応じて調整する。

[**例題 8.1**] 図 8.1 には，分散がそれぞれ 10 と 5 となる 100 個× 2 のデータによって構成された 200 個のデータの転換点を求める。そのプログラムは次のようになる。

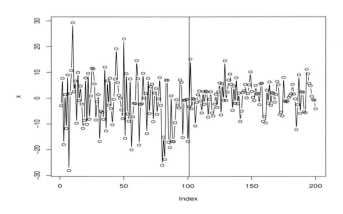

図 8.1　異なる分布に従う乱数 200 個の転換点

―― 転換点の検出 ――――――――――――

```
x1<-rnorm(100,0,10); x2<-rnorm(100,0,5)
x<-c(x1,x2)
length(x)
plot(x,type="b")
n<-length(x1)+length(x2)
sigma_sq<-var(x)
myu<-mean(x)
logL0<--(n/2)*log(2*pi)-(n/2)*log(sigma_sq)
(前行の続き)-(1/sigma_sq)*sum((x-myu)^2)
sigma_hat<-sum((x-myu)^2)/n
logL0_hat<-(-n/2)*log(2*pi)-(n/2)*log(sigma_hat^2)-n/2
#H1
sigma_1_sq<-sigma_sq
kai<-numeric(n-2)
for ( k in 2:(n-1))
{
    sigma_1_hat_sq<-sum((x[1:k]-myu)^2)/k
    sigma_n_hat_sq<-sum((x[(k+1):n]-myu)^2)/(n-k)
    logL1_hat<-(n/2)*log(2*pi)-(k/2)*log(sigma_1_hat_sq)
(前行の続き)-((n-k)/2)*log(sigma_n_hat_sq)-(n/2)
    lambda<-logL0_hat-logL1_hat
    lambda
    kai[k-1]<--2*lambda
}
which(kai==max(kai))
max_kai<-max(kai)
plot(kai[1:(n-2)],type="b")
abline(v=which(kai==max(kai)))
```

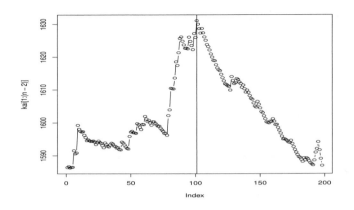

図 8.2　kai の変化値のプロット

　上記プログラムの実行結果は以下になる。図 8.2 は $-2\lambda$ の変化を示している。最大値の位置は

```
┌ kai の最大値の位置 ─────────────────────────
│ >which(kai==max(kai))
│ [1] 101
└
```

となる。時系列の転換点は同じく図 8.1 の中で垂線で位置を示している。

## 8.4　数値シミュレーションおよび実証分析

　本節ではまず，上述で検討した方法に従い，数値シミュレーションを行い，方法論の妥当性を検証する。検証の目的としては，時系列データに転換点が存在する場合は，その転換点は正しく検出できるかどうか，さらに転換点の存在による時系列データの性質がどのように変わるかを検証するそれと同時に，リスク (例えば，VaR) への再評価を行い，前後の結果を比較し，異なる点を明らかにする。次に実証分析では，外国為替時系列データを用いて，対数収益率の転

換点の検出およびリスクへの再評価を行い, 実証分析による提案方法の有効性を確認する。

## 8.4.1 数値シミュレーション結果

以下の数値シミュレーションは, まず, 2つの異なる正規分布に従う乱数を生成し, それぞれのデータの長さを $n_1$, $n_2$ とし, この2つのデータを繋ぎ合わせることによって, 人工的なシミュレーション時系列データセット ($n = n_1 + n_2$) を構成する。

[ケース 1] 図 8.3 に示されたように, 生成された 500 個の正規乱数のうち, 最初の乱数 375 個は, 標準正規分布 N(0,1) に従い, 残りの乱数 125 個は, N(0,2.5) に従う。この2つのデータを繋ぎ合わせることによって, シミュレーションケース 1 用の人工データを構成する。

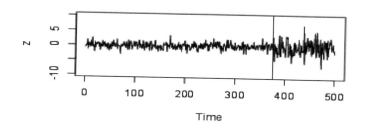

図 8.3　ケース 1:異なる分布に従う乱数 500 個の転換点

[ケース 2] 同じく図 8.4 に示されたように, 生成された 1,000 個の正規乱数のうち, 最初の乱数 750 個は, 標準正規分布 N(0,1) に従い, 残りの 250 個は, N(0,3) に従う。この2つのデータを繋ぎ合わせることによって, シミュレーションケース 1 用の人工データを構成する。

ケース 1 と 2 における時系列データの真の転換点の位置はまとめて表 8.3 に

示している。図に描かれている縦線は，転換点の位置を示している。

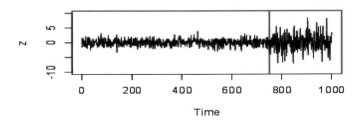

図 8.4　ケース 2:異なる分布に従う乱数 1000 個の転換点

| ケース番号 | $n_1$ | $n_2$ | $n = n_1 + n_2$ | 転換点の真位置 |
|---|---|---|---|---|
| ケース 1 | 375 | 125 | 500 | 376 |
| ケース 2 | 750 | 250 | 1000 | 751 |

表 8.3　検出された CP の位置

　そこで上述した転換点の検出法を用いて転換点を検出してみた。表 8.4 に示している。

　ケース 1 の場合は，転換点の位置は 5% 有意水準で 375 と検出された。シミュレーションデータの実際の転換点位置とほぼ一致していることが確認された。同じく上述した転換点の検出手法を用いて転換点を検出してみた。ケース 2 の場合は，転換点の位置は 5% 有意水準で 750 と検出された。シミュレーションデータの実際の転換点位置とほぼ一致していることが確認された。ここで上述した転換点の検出法を用いて転換点を検出した。5% 有意で転換点の位置を 750 番目として検出された。

　さらにリスク測度である Value at Risk(VaR) を時系列データの全体，および転換点によって分割されたサブ区間において，それぞれを測定して表 8.5，8.6 に示している。

| ケース | 真の位置 | 検出された位置 | chitest | qtest |
|---|---|---|---|---|
| ケース 1 | 376 | 375 | 84.82055 | 3.84145 |
| ケース 2 | 751 | 750 | 235.4690 | 3.84145 |

表 8.4　CP の chitest

| ケース番号 (5%) | $VaR_{[1:n_1]}$ | $VaR_{[n_1+1:n]}$ | $VaR_{[1:n]}$ |
|---|---|---|---|
| ケース 1 | $-1.7298729$ | $-4.1247414$ | $-2.7414909$ |
| ケース 2 | $-1.6616991$ | $-4.6188858$ | $-2.3084555$ |

表 8.5　各区間の VaR

| ケース番号 | $\sigma^2_{[1:n_1]}$ | $\sigma^2_{[n_1+1:n]}$ | $\sigma^2_{[1:n]}$ |
|---|---|---|---|
| ケース 1 | 0.9333976 | 6.5341055 | 2.3457945 |
| ケース 2 | 0.9536941 | 8.2870476 | 2.8045470 |

表 8.6　各区間の分散

### 実証分析の結果

　以下からは, 2002 年 4 月 1 日から 2014 年 1 月 23 日までの外国為替日次レート (対円) であるイギリスポンド (GBP), 米ドル (USD) の時系列データを用いて, 実証分析を行い, その結果を示しておく。各時系列データの長さはそれぞれ 2,900 個である。

　多くの実証分析により, 収益率の分布は正規分布ではなく, 対数正規分布に従うという仮説が最も現実に近いと考えられるため, ここで, 計算に対数収益率 $r_t (r_t = log \frac{p_t}{p_{t-1}})$ が用いられた。$p_t$ は $t$ 時刻の各通貨のリアル為替レートである。

### 1)GBP の場合

　まず, 図 8.5(上) には GBP 為替レートの対数収益率の変動を示している。図 8.5(下) のなかの垂直線 (1310) は転換点が検出されている位置を示している。また表 8.7 に示しているように, $\sigma_1$ と $\sigma_2$ はそれぞれ, 転換点出現前と後

の時系列データの分散を表している。転換点以降の分散はその以前より 3 倍以上になっていることが確認できよう。

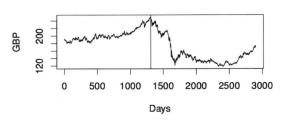

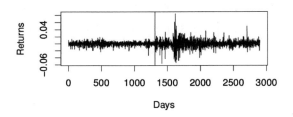

図 8.5 GBP 日次為替レートの変動とその転換点の検出

| CP 位置 | chitest | qtest | decision |
|---|---|---|---|
| 1310 | 549.88569 | 5.99146 | reject H0 |
| $\sigma_1^2$ | $\sigma_2^2$ | $\mu_1$ | $\mu_2$ |
| 3.027769e-05 | 11.10509e-05 | 20.0688e-05 | $-22.16305$-e05 |

表 8.7 GBP 為替レート時系列データの転換点検出

**VaR-GBP**

VaR(Value at Risk) について，実際に計測してみた。たとえ転換点は，検出された 1 点だけだとしても，表 8.8 に示されたように，転換点によって得られた 2 つの区間におけるそれぞれの VaR(1%, 3%, 5%) は異なってくる。リスク

管理に十分に注目すべきである。

| VaR | 1% | 3% | 5% |
|------|------|------|------|
| VaR1 | −0.015512756 | −0.011161373 | −0.009590096 |
| VaR2 | −0.033194840 | −0.019496990 | −0.016550500 |

表 8.8 GBP 為替レート時系列データの VaR

### 2)USD の場合

USD 為替レートの対数収益率の変動は図 8.6(上) に示されている。図 8.6(下) のなかの垂直線 (1306) は転換点が検出されている位置を示している。また表 8.9 に示しているように，$\sigma_1^2$ と $\sigma_2^2$ はそれぞれ，転換点出現前と後の時系列データの分散を表している。GBP と照らし合わせてみると，米国の金融危機の影響で，USD が先に下落して，GBP の下落を誘発したとも捉えよう。

| CP 位置 | chitest | qtest | decision |
|------|------|------|------|
| 1306 | 134.4134506 | 5.99146 | reject H0 |
| $\sigma_1^2$ | $\sigma_2^2$ | $\mu_1$ | $\mu_2$ |
| 3.039476e-05 | 5.659237e-05 | −6.670154e-05 | −9.589323e-05 |

表 8.9 USD 為替レート時系列データの転換点検出

### VaR-USD

VaR について，実際に計測してみた。たとえ転換点は，検出された 1 点だけだとしても，表 8.10 に示されたように，転換点によって得られた 2 つの区間におけるそれぞれの VaR(1%, 3%, 5%) は異なってくる。リスク管理に十分に注目すべきである。

| VaR | 1% | 3% | 5% |
|------|------|------|------|
| VaR1 | −0.014871051 | −0.011410150 | −0.008959776 |
| VaR2 | −0.02059870 | −0.01476368 | −0.01175964 |

表 8.10 USD 為替レート時系列データの VaR

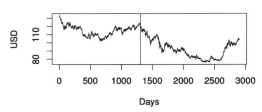

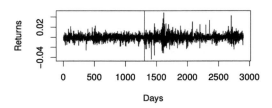

図 8.6　USD 日次為替レートの変動と転換点の検出

　以上の実証分析から分かるように，資産の評価価格は常に経済状況に左右さ
れ変動している。ボラティリティ，平均値，あるいは両者同時に変化してしま
う転換点が存在している。ポートフォリオの重みを最適化するために，それら
の転換点による影響を考えねばならないのである。

　パッケージ changepoint では 3 つの主要関数，すなわち，cpt.mean, cpt.var,
cpt.meanvar が，平均あるいは分散のいずれかに転換点があった場合と，平均
と分散の両方に転換点があった場合において，それぞれの転換点の検出を行う。

　以下では，1 つ簡単な例を示す。異なる統計性質を持つ 3 つのデータ区
間で全体のデータセット $x$ を構成した場合を考察する。すなわち，等分散
$(\sigma_1 = \sigma_2 = 1)$ で異なる平均 $(\mu_1 = 3, \mu_2 = 0)$ を持つ 100 個ずつの正規乱数
(計 200 個) と，異なる平均と標準偏差 $(\mu_3 = 5, \sigma = 3)$ を持つ 100 個の正規乱
数とでデータセットを構成した場合の転換点を調べる。

　図 8.7 および下記の実行結果から分かるように，推定された各区間の平均と分散は実際の設定値に比べて，精度が非常に高く推定されていた。

┌─ 複数の転換点の場合のプログラムと実行結果 ─

```
library(changepoint)
x<-c(rnorm(100,3,1),rnorm(100,0,1),rnorm(100,5,3))
xm<-cpt.meanvar(x,method="BinSeg")
cpts(xm)        #転換点位置の表示
plot(xm)        #図を描き，高さの異なる水平の3本線は各区間を明示
> cpts(xm)      #転換点の位置
[1] 100 200
> param.est(xm)     #3つの区間の各々の平均と分散
$mean
[1] 2.96519572 0.06759319 4.94956883
$variance
[1] 0.9075899 0.8381090 9.6601058
```

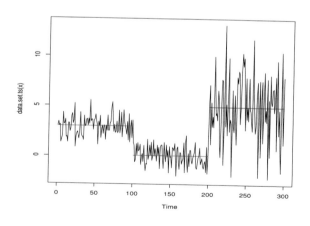

図 8.7　複数の転換点の検出例

　本章では 2008 年に起きた金融危機時の市場の推移状況について考察した。市況データから金融危機の深刻さ，および世界経済への影響の広範さが明らかになった。乱高下の金融市場の下で，資産運用において時系列データに転換点が存在するか否かの検出手法を提案した。さらに数値シミュレーションおよび実証分析を行い，提案した手法の有効性を確認した。

　**[演習問題]** 以上のプログラムを利用して，他の時系列データに適用して，転換点を検出してみよう。

◇ **本章の学習ポイント** ◇

- 金融時系列データにおける転換点の重要性
- 数理的な手法による転換点の検出
- 外国為替時系列データにおける転換点の検出
- パッケージ changepoint

# 第 9 章

# ベイズ推定

　最近，複雑な確率問題をより合理的に明快に解くために，ベイズ (Bayes) 推定の方法が経済学，工学，医学や生物遺伝学などの分野で幅広く利用されている [34]-[42]。

　ここで，$y$ および $p(y|\theta)$ はそれぞれ，観測値，尤度とし，$p(\theta)$ は分布のパラメータ $\theta$ の事前分布，$p(\theta|y)$ は事後分布とし，以下のようにベイズ推定が展開される。

$$
\begin{aligned}
p(\theta|y) &= \frac{p(\theta, y)}{p(y)} \\
&= \frac{p(\theta)p(y|\theta)}{p(y)} \\
&= \frac{p(\theta)p(y|\theta)}{\int p(y, \theta) d\theta} \\
&\propto p(\theta)p(y|\theta)
\end{aligned}
\tag{9.1}
$$

また

$$
p(\theta|y) \propto L(\theta)p(\theta),
\tag{9.2}
$$

ここで

$$
p(y) = \int p(\theta)L(\theta)d\theta,
\tag{9.3}
$$

よって

$$\hat{\theta} = \int \theta p(\theta|y)d\theta. \tag{9.4}$$

となる。

**共役分布**

　事前分布と得られた事後分布が同じ分布族に属する場合は，それぞれを共役分布 (Conjugate Distribution) と呼んでいる。

　表 9.1 には，共役分布の一部をリストアップしている。ここで，$IG$ は逆ガンマ分布を意味する。

| 尤度 $(y_i)$ | 事前分布 | 事後分布 |
|---|---|---|
| $binomial(n, \theta)$ | $beta(\alpha, \beta)$ | $beta(\sum y_i + \alpha, n - \sum y_i + \beta)$ |
| $Bernoulli(\theta)$ | $beta(\alpha, \beta)$ | $beta(\sum y_i + \alpha, \sum(1 - y_i) + \beta)$ |
| $Poisson(\theta)$ | $\Gamma(\alpha, \beta)$ | $\Gamma(\alpha + \sum y_i, \beta + n)$ |
| $N(\theta, \sigma^2)$ <br> $\sigma^2$ が既知 | $N(\mu_0, \sigma^2)$ | $N\left(\frac{\frac{\mu_0}{\sigma_0^2} + \frac{\sum y_i}{\sigma^2}}{(\frac{1}{\sigma_0^2} + \frac{n}{\sigma^2})}, (\frac{1}{\sigma_0^2} + \frac{n}{\sigma^2})^{-1}\right)$ |
| $N(\mu, \theta)$ <br> $\mu$ が既知 | $IG(\alpha, \beta)$ | $IG(\alpha + \frac{n}{2}, \beta + \frac{\sum(y_i - \mu)^2}{2})$ |

表 9.1　共役分布の一覧表

**将来のイベントの予測**

　将来のイベント $y^*$ に対して，得られた事後分布を用いて予測することができる。

$$\begin{aligned} p(y^*|y) &= \frac{p(y^*, y)}{p(y)} \\ &= \int \frac{p(y^*, y, \theta)}{p(y)} d\theta \end{aligned}$$

$$\tag{9.5}$$

$$= \int p(y^*|y,\theta)\frac{p(\theta)p(y|\theta)}{p(y)}d\theta$$
$$= \int p(y^*|y,\theta)p(\theta|y)d\theta$$
$$= E_{\theta|y}[p(y^*|y,\theta)].\tag{9.6}$$

もし $y^*$ と $y$ は独立であれば，

$$E_{\theta|y}[p(y^*|y,\theta)] = E_{\theta|y}[p(y^*|\theta)].$$

となる。

### 適切な事前分布の選択尺度

事前分布の情報が乏しいとき，ジェフリーのルール (Jeffrey's Rule) は一つの良い選択ともなる。

$$p(\theta) \propto [I(\theta)]^{1/2},\tag{9.7}$$

ここで

$$I(\theta) = E_{Y|\theta}[-\frac{\partial^2 lnL(\theta)}{\partial\theta\partial\theta'}].\tag{9.8}$$

となる。

## 9.1　サンプリング手法について

マルコフ連鎖モンテカルロ法 (MCMC: Markov Chain Monte Carlo Method) はマルコフ連鎖によってサンプリングを行い，初期値に依存せず，定常分布に収束するという性質を利用して，十分に長いチェーンを生成し確率分布への近似を実現する。特に MCMC が"次元の呪い"にあまり影響されないことで，目標確率分布が高次元分布であっても効率的にサンプリングすることができる。主に 2 つのサンプリング方法がよく用いられる。

またいくつかの改良版も開発されている。代表的なものとして，HMC 法 (Hamiltonian Monte Carlo) やスライスサンプリング法，および NUTS 法 (No-U-Turn Sampler) が提案されている。

## ギブスサンプラー (Gibbs Sampler)

このギブスサンプラーはすべての条件分布を知ることが前提となる。

事後分布 $\pi(\theta_1, ..., \theta_m|x)$ から, 以下のステップに従ってサンプリングを行う。

1) パラメータ $\theta^{(0)} = (\theta_1^{(0)}, ..., \theta_m^{(0)})$ の初期値をセットする。

2) $i = 0, 1, 2, ...$ とし, 以下の a から d までのループを $i = n$ まで繰り返す。

    a. $\theta_1^{(i+1)} \sim \pi(\theta_1|\theta_2^{(i)}, \theta_3^{(i)}, ..., \theta_m^{(i)})$

    b. $\theta_2^{(i+1)} \sim \pi(\theta_2|\theta_1^{(i)}, \theta_3^{(i)}, ..., \theta_m^{(i)})$

    c. ...

    d. $\theta_m^{(i+1)} \sim \pi(\theta_m|\theta_1^{(i)}, ..., \theta_{m-1}^{(i+1)})$

3) $i > n$ となれば, マルコフチェーンが収束するまで, 十分の長さがあると判断し, 相当数の $\theta^{(i)}$ のサンプルをキープする。

[例題 9.1] $d$ 個の正規分布によって構成された混合分布において, $f(x) = \sum_{j=1}^{d} w_j \phi_j(\mu_j, \sigma_j^2)$ とし, パラメータ $\theta = \{\mu_j, \sigma_j, w_j\}$ の事前分布は以下のように設定する。すなわち

$$w_j \sim Dir(\alpha_1, \alpha_2, ..., \alpha_d) \tag{9.9}$$

$Dir(\cdot)$ はディリクレ分布 (Dirichlet Distribution) である。

$$\mu_j|\sigma_j^2 \quad \sim N(\xi_j, \frac{\sigma^2}{n_j}) \tag{9.10}$$

$$\sigma_j \sim IG(\frac{\nu_j}{2}, \frac{s_j^2}{2}) \tag{9.11}$$

$IG(\cdot)$ は逆ガンマ分布 (Inverse Gamma Distribution) である。

$y = \{y_1, y_2, ..., y_n\}$ は得られた観測値であるとし, 事前分布からパラメータ $\theta = \{\mu_j, \sigma_j, w_j\}$ の事後分布は共役分布という結果が得られる。

まず, 事前分布から

$$p(\mu_j|\xi_j, \frac{\sigma_j^2}{n_j}) \propto (\sigma_j^2)^{-1} exp\{-\frac{1}{2\sigma_j^2/n_j}(\mu_j - \xi_j)^2\} \tag{9.12}$$

$$p(\sigma_j^2|\frac{\nu_j}{2}, \frac{s_j^2}{2}) \propto (\sigma_j^2)^{-(\frac{\nu_j}{2}+1)} exp\{-\frac{s_j^2}{2\sigma_j^2}\} \qquad (9.13)$$

$$p(w_j|\alpha_1,\ldots,\alpha_d) \propto \prod_{j=1}^{d} w_j^{\alpha_j-1} \qquad (9.14)$$

が得られる。ここで

$$z_{ij} = \begin{cases} 1 & \text{if } y_i \text{ is from } \phi_j \\ 0 & \text{otherwise.} \end{cases} \qquad (9.15)$$

とし,

$$N_j = \sum_{i=1}^{N} z_{ij} \qquad (9.16)$$

$$\bar{y}_j = \frac{1}{N_j} \sum_{i=1}^{N} z_{ij} y_i \qquad (9.17)$$

をグループ $j$ に属する $y_i$ の数と平均とすると, 混合モデルの同時分布 (Joint Density) は以下のようになる。

$$p(y, z,|\theta) = \prod_{j=1}^{d} \prod_{i=1}^{N} (w_j \phi_j(y_i))^{z_{ij}} \qquad (9.18)$$

我々は $p(\theta|y, z) \propto p(y, z|\theta)p(\theta)$ から, 以下の結果が得られる。

$$p(\theta|y, z) \propto \prod_{j=1}^{d} w_j^{\sum_{i=1}^{N} z_{ij}+\alpha_j-1} \times$$
$$\prod_{j=1}^{d} \prod_{i=1}^{N} (\phi_j(y_i))^{z_{ij}} \times$$
$$\prod_{j=1}^{d} (\sigma_j^2)^{-\frac{\nu_j}{2}-\frac{3}{2}} exp\{-\frac{s_j^2}{2\sigma_j^2} - \frac{1}{2\sigma_j^2/n_j}(\mu_j - \xi_j)^2\}, \quad (9.19)$$

ここで, $\phi_j(\cdot)$ は正規分布 $N(\mu_j, \sigma_j^2)$ の確率密度関数 (PDF) である。

そして

$$
\begin{aligned}
p(\theta|y,z) \propto & \prod_{j=1}^{d} w_j^{N_j+\alpha_j-1} (\sigma_j^2)^{-\frac{N_j}{2}-\frac{\nu_j}{2}-\frac{3}{2}} \times \\
& \prod_{j=1}^{d} exp\{-\frac{s_j^2}{2\sigma_j^2} - \frac{1}{2\sigma_j^2/n_j}(\mu_j-\xi_j)^2\} \times \\
& exp\{-\frac{\Sigma_{i=1}^{N} z_{ij}(y_i-\mu_j)^2}{2\sigma_j^2}\},
\end{aligned} \tag{9.20}
$$

従って

$$
\begin{aligned}
p(\theta|y,z) \propto & \Pi_{j=1}^{d} w_j^{N_j+\alpha_j-1}(\sigma_j^2)^{-\frac{N_j}{2}-\frac{\nu_j}{2}-\frac{3}{2}} \times \\
& \prod_{j=1}^{d} exp\{-\frac{s_j^2}{2\sigma_j^2} - \frac{1}{2\sigma_j^2}(\Sigma_{i=1}^{N} z_{ij}y_i^2)\} \times \\
& \prod_{j=1}^{d} exp\{-\frac{n_j\mu_j^2 - 2n_j\mu_j\xi_j + n_j\xi_j^2 + N_j\mu_j^2 - 2N_j\bar{y}_j\mu_j}{2\sigma_j^2}\},
\end{aligned}
$$
$$\tag{9.21}$$

すなわち

$$
\begin{aligned}
p(\theta|y,z) \propto & \prod_{j=1}^{d} w_j^{N_j+\alpha_j-1} \times \\
& \prod_{j=1}^{d} (\sigma_j^2)^{-\frac{N_j}{2}-\frac{\nu_j}{2}-\frac{1}{2}} exp\{-\frac{s_j^2 + (\Sigma_{i=1}^{N} z_{ij}y_i^2 - \frac{(n_j\xi_j - N_j\bar{y}_j)^2}{n_j+N_j} + n_j\xi_j^2)}{2\sigma_j^2}\} \\
& \times \prod_{j=1}^{d} (\sigma_j^2)^{-1} exp\{-\frac{[\mu_j - \frac{(n_j\xi_j+N_j\bar{y}_j)}{(n_j+N_j)}]^2}{\frac{2\sigma_j^2}{n_j+N_j}}\}
\end{aligned}
$$
$$\tag{9.22}$$

という結果が得られる。従って, 上式はウェート $w_j$, 平均 $\mu_j$ と分散 $\sigma_j^2$ の事後分布は, それぞれディリクレ, 正規, 逆ガンマ分布であることを示している。

$p(z_{ij}|y,\theta) = w_j\phi_j(y_i)/\Sigma_{j=1}^{d}w_j\phi_j(y_i)$ などの条件分布はすべて分かったので, Gibbs サンプラーを用いてサンプルを抽出することができる。

[例題 9.2] ギブスサンプラーを用いて 2 次元正規分布からのサンプリングのプログラムを示す。そのサンプリングした様子は図 9.1 に示している。

― 2 次元正規分布からギブスサンプラーを用いたサンプリング ―

```
#p(X1|X2) からのサンプリング
sample_x1<-function(x2,mean,cov) {
 sigma_x1<-cov[1,1]-cov[1, 2]*(1/cov[2,2])*cov[2,1]
 mu_x1<-mean[1]+cov[1,2]*(1/cov[2,2])*(x2-mean[2])
 rnorm(1,mean=mu_x1,sd=sqrt(sigma_x1))
 }
#p(X2|X1) からのサンプリング
sample_x2<-function(x1,mean,cov) {
 sigma_x2<-cov[2,2]-cov[1,2]*(1/cov[1,1])*cov[1, 2]
 mu_x2<-mean[2]+cov[1,2]*(1/cov[1,1])*(x1-mean[1])
 rnorm(1,mean=mu_x2,sd=sqrt(sigma_x2))
 }
#Gibbs sampler で 2 次元正規分布からサンプリング
gibbs<-function(n_iter,init_values,mean,cov){
 n_dim <- length(init_values)
 samples <- matrix(0, nrow = n_iter, ncol = n_dim)
 values <- init_values
 for (i in 1:n_iter) {
   values[1] <- sample_x1(values[2], mean, cov)
   values[2] <- sample_x2(values[1], mean, cov)
   samples[i, ] <- values  }
 return(samples)
}
```

ギブスサンプラー (続き) 各パラメータの設定

```
#2次元正規分布のパラメータの設定 (期待値, 共分散)
mean_v <- c(1, 5)
cov_mat <- matrix(c(1, 0.75, 0.75, 1),nrow=2)
n_iterations <- 5000      #サンプリングの回数
init_values <- c(0, 0)    #X1 と X2 の初期値の設定
#ギブスサンプリングの実行
samples<-gibbs(n_iterations,init_values,mean_v,cov_mat)
plotdata<-as.data.frame(samples)    #図を描く
colnames(plotdata)<-c("x1","x2")
plot(plotdata,main="Gibss Sampling")
library(ggplot2)    #あるいは ggplot2 を利用する
draw<-ggplot(data=plotdata,aes(x=x1,y=x2))+geom_point()+
labs(title = "Gibbs Sampling", x = "x1", y = "x2");
draw+theme_bw()
```

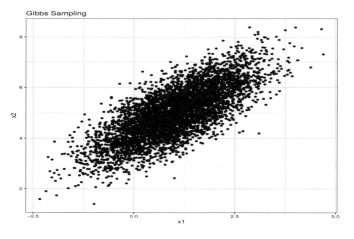

図 9.1　2次元正規分布からのギブスサンプリング

上記のプログラムを実行すると, 図 9.1(ggplot2 による作成) に示している サンプリングの様子が確認できる。ここで, 利用したパッケージ ggplot2 は高 度な可視化のグラフ作成のツールである。

### MH アルゴリズム

ギブスサンプリングと違って, 条件分布が得られない場合は, メトロポリス-ヘイステイングス (MH: Metropolis-Hastings) アルゴリズムを用いることに なる。

事後分布からのサンプリングは以下のように行われる。ここで, 提案分布 (Proposal Distribution) と目標分布 (Target Distribution) のカーネル密度 (Kernel Density) をそれぞれ $q(x, y)$ と $\pi$ する。

1) パラメータ $\theta^{(0)} = (\theta_1^{(0)}, ..., \theta_m^{(0)})$ の任意の初期値を設定する。

2) $t = 1, 2, ..n$ の $n$ 回ループを繰り返す。

a) $\theta^{(t-1)} = (\theta_1^{(t-1)}, ..., \theta_m^{(t-1)})$ とし, $q(\theta^{(t-1)}, \theta)$ に基づき, $\theta^*$ というサンプ ル候補を得る。すなわち, $\theta^* \sim q(\theta^{(t-1)}, \theta)$。

b) 一様分布 $U(0,1)$ から乱数 $u$ を抽出し, $\alpha$ を以下のように計算する。

$$\alpha = min\{\frac{\pi(\theta^*)}{\pi(\theta^{(t-1)})}\frac{q(\theta^*, \theta^{(t-1)})}{q(\theta^{(t-1)}, \theta^*)}, 1\}.$$

もし $u \leq \alpha$ が成立すれば, $\theta^t = \theta^*$ とするが, さもなければ, $\theta^t = \theta^{t-1}$ と する。

提案分布を選択するとき, ランダムワーク ($x = x^t + z$, $z$ はよく正規分布, あるいは $t$ 分布に従う確率変数), あるいは独立チェーン ($q(x|x^t) = q(x)$) が 利用される。

マルコフチェーンが収束しているかどうかは, いくつかの判別方法があり, 一般的にはバーンイン (Burn-in) の時間を十分に取り, そして最初の一部の データを捨てて, 後ろのデータを用いてパラメータを推定する。

[例題 **9.3**]MH アルゴリズムを用いて 2 ピークのある多峰分布からサンプリ ングを行う。この分布は N(-2,1) と N( 2 ,1) との合成で生成している。

┌─ MH アルゴリズムによるサンプリング ─────────────

```
library(ggplot2)
#2つの峰のある分布からその確率密度関数を計算関数
twopeak_distribution <- function(x) {
  peak1 <- dnorm(x, mean = -2, sd = 1)
  peak2 <- dnorm(x, mean = 2, sd = 1)
  0.5 * peak1 + 0.5 * peak2
}
# MH アルゴリズムでこの2峰分布からサンプリング
twopeak_sampling<-function(n_iter,initial_v, proposal_sd)
{
  samples <- numeric(n_iter)
  current_v <- initial_v
  current_density <- twopeak_distribution(current_v)
  for (i in 1:n_iter) {
# 新しい候補者の提案
 candidate_v<-rnorm(1,mean=current_v,sd=proposal_sd)
# 採択率の計算
 candidate_density <- twopeak_distribution(candidate_v)
 acceptance_ratio <- candidate_density / current_density
# 採択率に基づき候補者が採用されるか棄却するか
    if (runif(1) < acceptance_ratio) {
      current_v <- candidate_v
      current_density <- candidate_density
    }
    samples[i] <- current_v
  }
  return(samples)
}
```

┌─ MH(続き) 各パラメータの設定 ────────

```
n_iters <- 10000        #繰り返し回数
initial_v <- 0          #MH アルゴリズムの初期値
proposal_sd <- 1        #提案分布の標準偏差
# MH アルゴリズムによるサンプリングの実行
samples<-twopeak_sampling(n_iters,initial_v,proposal_sd)
# サンプルのヒストグラムを描く
draw<-ggplot(data = data.frame(x = samples), aes(x = x)) +
geom_histogram(aes(y=..density..),bins=30,fill="lightblue",
color = "black") +
stat_function(fun=twopeak_distribution,color="red",size=1)+
labs(title = "Sampling based on MH Algorithm",
      x = "x", y = "Density")
draw+theme_bw()
```

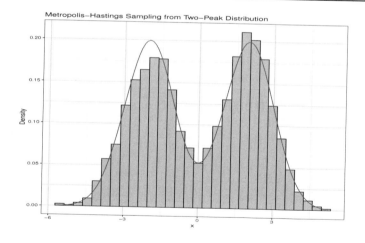

図 9.2　MH アルゴリズムによる多峰分布のサンプリング

図 9.2 は MH アルゴリズムを利用して，2 つの峰のある分布からサンプリン

グした例を示している。

## 9.1.1 パッケージ rstan

近年, よく使われているパッケージとしては MCMpack, Bayesm などが挙げられるが, 特に R と連携して使いやすいパッケージ rstan が登場している。もともと Stan はベイジアン統計推論 (MCMC) のために開発された統計モデリングと計算のプラットフォームである。rstan はベイズ統計処理のために R と Stan を統合して開発されたものであり, R から簡単に呼び出せる。例えば, 階層型のベイズモデルの構築ができる。他には Python と Stan が統合して開発された pystan などがある。

R からの呼び出しは以下のようになる。

```
┌ rstan の読み込み ─────────────────
> library(rstan)
Loading required package: ggplot2
Loading required package: StanHeaders
rstan (Version 2.17.2, GitRev: 2e1f913d3ca3)
For execution on a local, multicore CPU with excess RAM we
recommend calling options(mc.cores=parallel::detectCores()).
To avoid recompilation of unchanged Stan programs, we
recommend calling rstan_options(auto_write = TRUE)
```

R で MCMC のプログラムを書くと長いが, プログラムの中身は分かっているという利点がある一方, パッケージ rstan の良いところは, 今まで R で長々と書いたプログラムを短く洗練されたものとして作れることだろう。

以下では rstan のいくつかの要点をまとめておく。より詳しい内容は rstan の関連資料, 例えば, rstan のマニュアルなどを参照されたい。

ここでは, 144 頁の [例題 8.1] の数値例を再考する。最初 100 個のデータ $x_1$ と次の 100 個のデータ $x_2$ をそれぞれ N(13, 2.0) と N(18, 1.5) に従う乱数と

し，全体の $x$ を構成する (図 9.3 を参照)。転換点の位置を $\tau$ とする。

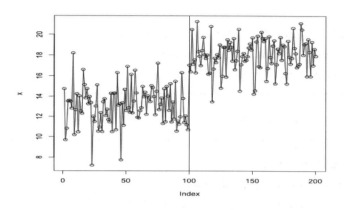

図 9.3 $x$ の時系列プロット

rstan の主なプログラムは以下になる。CPdetect.stan として保存する。

1) data 部では利用されるデータの定義

2) parameters 部では分布パラメータの定義

3) transformed parameters 部では logp[tau] の更新

┌ logp[tau] の更新 ─────────────

```
transformed parameters {
      vector[N] logp; real mu; real sigma;
      logp = rep_vector(-log(N), N);
 for (tau in 1:N)
  for (i in 1:N) {
    mu = i < tau ? mu1 : mu2;
    sigma=i<tau ? sigma1 : sigma2;
    logp[tau] = logp[tau]+normal_lpdf(D[i]|mu, sigma); }
}
```

4) model 部では事前分布のパラメータの設定に基づくサンプリング

事前分布に基づくサンプリング ──────────

```
model {
    mu1 ~ normal(0, 20); mu2 ~ normal(0, 20);
    sigma1 ~ normal(0, 10); sigma2 ~ normal(0, 10);
    target += log_sum_exp(logp); }
```

5)generated quantities 部ではサンプリングしてからの tau の推定

tau の推定 ──────────

```
generated quantities {
    int<lower=1,upper=N> tau;
    tau = categorical_rng(softmax(logp)); }
```

メイン R のスクリプト ──────────

```
library(rstan)
rstan_options(auto_write = TRUE)
options(mc.cores = parallel::detectCores())
rstan::stan_version(); rstan_options(auto_write = TRUE)
x1 <- rnorm(100, mean=13, sd=2.0)
x2 <- rnorm(100, mean=18, sd=1.5);x <- c(x1, x2)
fit <- stan(
  file = "CPdetect.stan",
  data = list(D = x, N=length(x)),
  chains = 4,
  warmup =1000,
  iter = 40000,
  cores = 4     )
```

実行結果 (Core i7, macOS Big Sur Ver11.4) は図 9.4 のようになる。

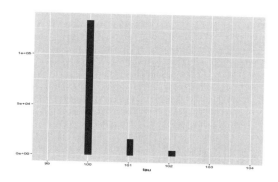

図 9.4　rstan による転換点の推定

　推定された転換点 $E(\tau) = 100.1792$ となる。すなわち, 実際の位置は 101 番目の点に対して, 100 番目の点と推定された。ヒストグラムは図 9.4 に示されている。

　また mu1 と sigma1 それぞれの 4 つのチェーンは図 9.5 及び 9.6 に示されている。異なるチェーンの値は異なる色で表されている。コマンドは次となる。

```
traceplot(fit,pars="mu1")
```

　さらに mu1 と sigma1 それぞれのヒストグラムは図 9.7 及び 9.8 に示されている。コマンドは次となる。

```
qplot(extract(fit)$mu1, geom='histogram', xlab = "mu1")
```

　しかも mu1, sigma1 の平均値はそれぞれ 13.10 と 1.95 となっている。

```
>mean(extract(fit)$mu1)
[1]13.10
>mean(extract(fit)$sigma1)
[1]1.95
```

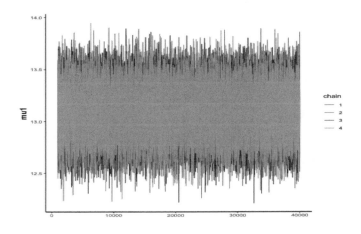

図 9.5　mu1 のサンプリングの様子

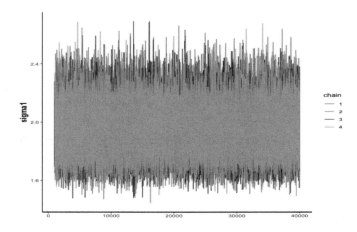

図 9.6　sigma1 のサンプリングの様子

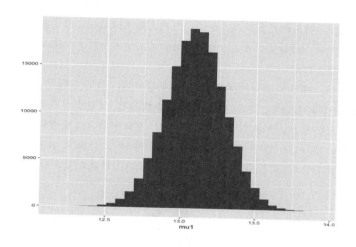

図 9.7 mu1 のヒストグラム

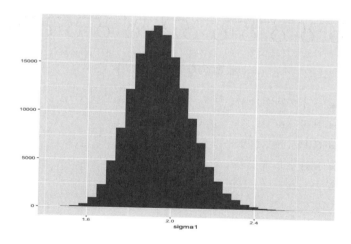

図 9.8 sigma1 のヒストグラム

　同じく mu2, sigma2 の平均値はそれぞれ 17.97, 1.61 が得られる。つまり，事後分布から得られたサンプルを用いた推定結果は最初に設定した各パラメータの値とほぼ一致していることが明らかになり，ベイジアン推論の有効性・精確性が確認された。

　本章では，ベイジアン推論およびその応用例について取り上げた。実際，MCMC 計算において，独自のプログラムを作ると，プログラムの働きはちゃんと分かっているというメリットがある一方，プログラムは相当長くなることが知られている。しかしパッケージ rstan を利用すると，複雑なプログラムは短くなるだけでなく，より構造化されたプログラムの作成ができると思われる。

## ◇ 本章の学習ポイント ◇

- ベイズ推定の考え方
- 共役分布
- Gibbs サンプラー
- MH アルゴリズム
- パッケージ rstan

# 第 10 章

# ベイジアン手法の応用

本章では前述したベイジアン推定法を用いた時系列データの転換点 (Change Point) 検出の実証分析を行い，ベイジアン手法の有効性を確認しておく [35]-[37][42][43][48][49]。

具体的には，第 1 節では数学モデルの記述を示し，第 2 節では数値シミュレーションによって，ベイジアンアプローチの有効性を確認する。第 3, 4, 5, 6 節では，それぞれ株式市場における株価の変動や，確率微分方程式 (SDE) の構造変化や，通信トラフィックの急変や，COVID-19 の新規感染者数の変化などにおける転換点の検出を試み，それらの実証分析の結果を逐次に示していく。そして第 7 節では，Importance Sampling について解説する。

## 10.1 モデルの記述

ある変数の変化量 (例えば，価格など) について，以下のように考える。

$$\Delta p_t = p_t - p_{t-1} \tag{10.1}$$

もしこの変化量 $\Delta p_t$ が，ある予め設定されているレベル $l$ を超えると，イベント $S_t$ が発生したとする。

$$S_t = \left\{ \begin{array}{ll} 1, & \Delta p_t \geq l \ (\text{event ocurrs}) \\ 0, & \text{otherwise} \end{array} \right. \tag{10.2}$$

　そして，時刻 $t \in [0, T]$ において，発生したイベントを $S_t$ とし，その時間
区間内で発生したすべてのイベントを計数し，その総数を $N(S_t)$ とすると，
$N(S_t) = \Sigma_{t=1}^{n} S_t$ となる。

　ここで，$\beta$ はパラメータのセットであり，$y$ は観測されたデータセットであ
る。そして p$(y|\beta)$, p$(\beta)$ and p$(\beta|y)$ はそれぞれ，尤度およびパラメータ $\beta$ の
事前と事後分布とする。従って，

$$p(\beta|y) = \frac{p(y|\beta)p(\beta)}{p(y)} \tag{10.3}$$

$$p(y) = \int p(y|\beta)p(\beta)d\beta \tag{10.4}$$

$$p(\beta|y) \propto p(y|\beta)p(\beta). \tag{10.5}$$

が得られる。

　$N(S_t)$ は 2 つ異なるポアソンプロセス $p(\gamma)$, $p(\delta)$ に従うとし，$k$ は転換点で
あるとすると，$\beta = \{\gamma, \delta, k\} y = \{S_t\}$ となり，$\gamma, \delta, k$ に対して事前分布をそれ
ぞれ，以下のように設定する。

$$\gamma \sim \Gamma(\alpha_1, \alpha_2) \tag{10.6}$$
$$\delta \sim \Gamma(d_1, d_2) \tag{10.7}$$
$$k \sim U\{1, 2, ...T-1\} \tag{10.8}$$

よって，尤度は以下のように計算される。

$$L(\gamma, \delta, k) = \prod_{t=1}^{k} \frac{\gamma^{N(S_t)} exp(-\gamma)}{N(S_t)!} \prod_{t=k+1}^{T} \frac{\delta^{N(S_t)} exp(-\delta)}{N(S_t)!} \tag{10.9}$$

$$p(\gamma, \delta, k | N(S)) \propto [\gamma^{\alpha_1 - 1} exp(-\frac{\gamma}{\alpha_2}) \delta^{d_1 - 1} exp(-\frac{\delta}{d_2})]$$
$$\times \prod_{t=1}^{k} \frac{\gamma^{N(S_t)} exp(-\gamma)}{N(S_t)!} \prod_{t=k+1}^{T} \frac{\delta^{N(S_t)} exp(-\delta)}{N(S_t)!} \quad (10.10)$$

$$p(\gamma | \delta, k, N(S)) \propto \gamma^{\alpha_1 + (\sum_{t=1}^{k} y_t - 1)} exp(-\gamma(\alpha_2^{-1} + n_k)) \quad (10.11)$$

ここで, $n_k = k - 1 + 1 = k$. そして

$$G(\alpha_1 + \sum_{t=1}^{k} N(S_t), (\alpha_2^{-1} + n_k)^{-1}) \quad (10.12)$$

すなわち

$$p(\delta | \gamma, k, N(S)) \sim G(d_1 + \sum_{t=k+1}^{T} N(S_t), (d_2^{-1} + \tilde{n}_k)^{-1}) \quad (10.13)$$

となる。ここで, $\tilde{n}_k = T - (k + 1) + 1 = T - k$.

そして, 転換点 $k$ の事後分布は

$$p(k | \gamma, \delta, N(S)) \propto \prod_{t=1}^{k} \frac{\gamma^{N(S_t)} exp(-\gamma)}{N(S_t)!} \prod_{t=k+1}^{T} \frac{\delta^{N(S_t)} exp(-\delta)}{N(S_t)!} \quad (10.14)$$

となる。ここで, $k = 1, 2, ..., T - 1$.

## 10.2 数値シミュレーションの結果

本節では異なるポアソン過程に従う人工データを生成し, それらを用いて2つの数値シミュレーションを行い, その結果を示しておく。

[**数値実験**] 以下の数値実験においては, 異なる $\lambda$ を有する8個のデータセットを生成した。その時, $\lambda$ の値は均一分布 U(0,20) からランダムに得られた。

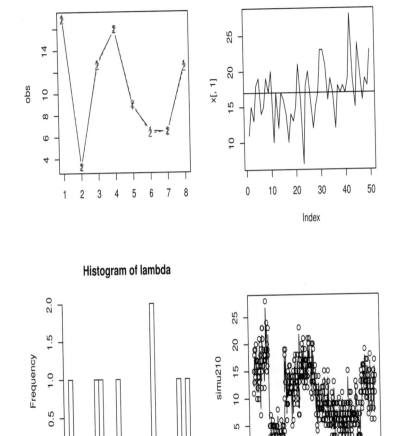

図 10.1 生成されたポアソン過程のデータ

各データセットは 50 個の乱数が含まれており，それぞれ図 10.1 に示されている。

図 10.1 の左上の図は 8 個の異なる λ を示している。それぞれのデータセットのサンプル平均に対応している。図 10.1 の右上の図は 1 つのデータセットに含まれる 50 個の乱数をプロットしたものである。図 10.1 の左下の図は均一分布 U(0,20) から生成した λ のヒストグラムを示している。図 10.1 の右下の図は 8×50 すなわち 8 個のデータセット計 400 個のデータをプロットしたものである。明らかにこの 400 個のデータは，それぞれ値の異なる λ が入り交じっている。

生成された λ については，表 10.1 にまとめている。各サンプル平均はそれぞれの λ 値に近いことが表から確認できよう。

| λ | サンプル平均 |
|---|---|
| 16.992628 | 16.86 |
| 3.214524 | 3.28 |
| 12.785819 | 12.60 |
| 15.917676 | 15.98 |
| 8.870159 | 9.04 |
| 6.574612 | 6.32 |
| 6.460706 | 6.52 |
| 12.668694 | 12.40 |

表 10.1　異なる λ 値とサンプル平均

上述したベイジアンアプローチに基づいて，転換点の検出を行い，その結果を表 10.2 にまとめた。

8 つのグループの 400 個のデータおよび検出した転換点の位置 (垂線) は，図 10.2 にプロットされている。異なる λ 値に属する 8 つのグループはきれいに区分されていることが明らかである。

図 10.2 および表 10.2 から分かるように，推定された転換点の位置と実際の位置は非常に近い。これは上述したベイジアン法は的確に転換点を検出するこ

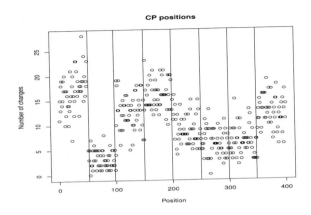

図 10.2　推定された転換点の位置

| 実際の転換点の位置 | 推定された転換点の位置 |
|:---:|:---:|
| 51 | 52 |
| 101 | 98 |
| 151 | 150 |
| 201 | 199 |
| 251 | 250 |
| 301 | 299 |
| 351 | 348 |

表 10.2　推定された転換点の位置

とができることを意味しているのである。

## 10.3　株価時系列データの転換点の検出

　同じく上述した方法を実証分析に適用してみる。ここでデータセットは日経 225 の水産業の株価を用いた。期間は 1984 年 1 月から 2014 年 5 月，全部で

30 年分のデータである。図 10.3, 10.4 では, 株価の時系列データ及びその推定確率密度関数のプロットを示している。

図 10.3 から分かるように, 株価は上下して 2 つの大きなピーク値を呈示している。推定確率密度関数の図 10.4 では多モードを示されており, 株価は図 10.3 のような動きをしていたことが推定できよう。また, 図 10.5 に示している qqplot からこれらの株価データは正規分布ではないことを示唆されている。

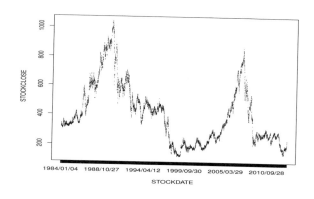

図 10.3　水産業の株価の動き

ここで, 株価の変化量 (マグニチュード) を前述したように定義する。すなわち, $\Delta p_t = p_t - p_{t-1}$ とする。従って, $\Delta p > l$ が成立するとき, イベントが発生したと見なされる。

30 年分の株価データを複数の変化量で見てみると, 株価の変化状況は表 10.3 および 10.4 の通りになる。

MCMC 法により, 表 10.5 に示された転換点を検出した。

表 10.5 に示されたように, 変化量 $\Delta p_t \geq 5$ のとき, 転換点はそれぞれ 8, 16, 23 番目の点であり, 変化量 $\Delta p_t \geq 10$, 15 のとき, 転換点の位置はほぼ同じであることが分かる。

変化量 $\Delta p_t \geq 5$ のときの転換点は, 図 10.6 に示している。上の図は時系列

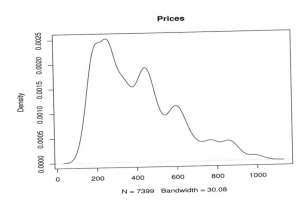

図 10.4　推定された確率密度関数

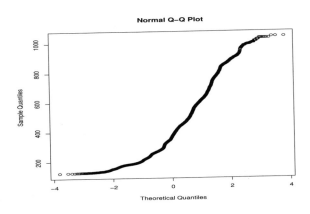

図 10.5　株価の qqplot

|      | 変化レベル $(l)$      |
| ---- | ------------------ |
| V2   | $\Delta p_t > 5$   |
| V3   | $\Delta p_t > 10$  |
| V4   | $\Delta p_t > 15$  |
| V5   | $\Delta p_t > 20$  |
| V6   | $\Delta p_t > 25$  |
| V7   | $\Delta p_t > 30$  |

表 10.3 株価の変化量

| No | Year | V2 | V3 | V4 | V5 | V6 | V7 |
| -- | ---- | -- | -- | -- | -- | -- | -- |
| 1  | 1984 | 48 | 15 | 5  | 0  | 0  | 0  |
| 2  | 1985 | 44 | 15 | 4  | 1  | 0  | 0  |
| 3  | 1986 | 78 | 46 | 21 | 8  | 4  | 3  |
|    |      |    | ... |   |    |    |    |
| 28 | 2011 | 32 | 4  | 0  | 0  | 0  | 0  |
| 29 | 2012 | 19 | 1  | 0  | 0  | 0  | 0  |
| 30 | 2013 | 12 | 4  | 1  | 0  | 0  | 0  |

表 10.4 異なる変化レベルに応じた頻度

| 変化量 | 位置 1 | 位置 2 | 位置 3 |
| ---- | ----- | ----- | ----- |
| V2   | 16    | 8     | 23    |
| V3   | 16    | 9     | 24    |
| V4   | 16    | 9     | 23    |

表 10.5 転換点の位置

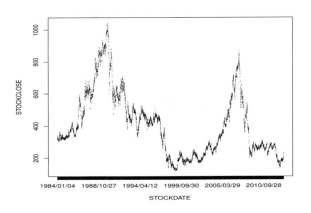

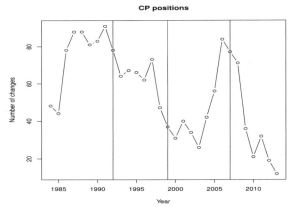

図 10.6　転換点の位置 $(\Delta p_t \geq 5)$

データのプロットであり，下の図には，垂線によって転換点の位置を示している。実際に，16 番目の点は 1992 に対応している。1992 年は金融危機が勃発し，日本のバブル経済が崩壊した年である。

同時に 24 番目，あるいは 25 番目の点はそれぞれ 1998 年，あるいは 1999 年に対応している。この 2 年間において，アジア金融危機およびロシア金融危

機によって, 世界経済が大きなマイナス影響を受けたことが否めない。

　一方, 48 番目の点は 2007 に対応しており, 2007 年は, アメリカのサブプライムローンの破綻が顕在化し, 後々, リーマン・ブラザーズ倒産のきっかけとなった年で, 2008 年の世界範囲の大規模金融危機の勃発を誘発した 1 要因であることと言えよう。

## 10.4　SDE における構造変化の検出

　近年, 確率微分方程式 (SDE:Stochastic Differential Equation) に関する研究が盛んになっている。SDE の 挙動は, 多くの自然・社会・経済現象, 例えば, 人口の増加や, 天然ガスの消費量や, 株価の収益率などの動きを記述できるからである。

　数理ファイナンスにおいて, 有名なのは幾何ブラウン運動 (GBM: Geometric Brownian Motion) を用いた株価 (収益率) の上昇・下落のモデルである。さらにマートンのジャンプモデル (Merton's Jump Model) などは, この GBM モデルにジャンプ要素を加えて拡張した SDE である。

　本節では, この SDE における構造変化 (Structural Change) を検出することについて議論する。上述した SDE においては, いくつか重要なパラメータがある。例えば, ドリフト項 (Drift), 拡散項 (Diffusion), およびジャンプ項 (Jump) などが挙げられる。

　これらのパラメータが決まれば, その SDE の挙動は, ほぼ決まるケースが多い。ここで, これらのパラメータが変化したとき, 構造変化が起こったと考える。すなわち, パラメータが変わった時点で, SDE の挙動が変わり, その時点を転換点とも呼ばれる。

　これまで, 構造変化に関する多くの研究がなされているが, 多数の研究はやはり正規性を仮定している。しかし, 構造変化においては, 正規性が成り立たない場合も起こり得る。ここでは, 前述したベイジアン手法を適用する。後半の例題から, このベイジアン手法は適切に構造変化, あるいは転換点を捉えることができることを示しておく。サンプリングでは Gibbs サンプラーを用いる。

## 10.4.1 Jump-Diffusion SDE について

前述したように, 我々は主に SDE のパラメータの変化に着目し, その構造変化に焦点を当てて, いかにその変化した瞬間 (その転換点) を捉えるのかについて考えていく。これは数理ファイナンスにおいては, すなわち, 収益率を記述した SDE のパラメータの変化であることや, 例えば, 金融危機によって, 株価の急落や, あるいは需要によって, 平均回帰性 (Mean-Reverting) 過程のパラメータの変化であること等々が考えられる。いわゆるパラメータが変われば, 挙動が変わるということである。こういった構造変化, すなわち, 転換点の出現はリスクマネジメントにおいても大きな影響を与え, ポートフォリオを構成する資産の重みの調整や, リスクへの再評価などを余儀なくされてしまうのである [23][35]-[43]。

一般的に 1 つの SDE は以下のように表せる。

$$dS = a(S,t)dt + b(S,t)dW \qquad (10.15)$$

ここで, $a(S,t)$ はトレンド・ドリフト項, $b(S,t)$ は拡散項と呼ばれる。一方, ジャンプの挙動を考慮して, ジャンプ・ファクターを入れたモデルは以下になる。

$$dS = a(S,t)dt + b(S,t)dW + J(S,t)dq \qquad (10.16)$$

ここで, $J(S,t)dq$ はジャンプ項で, $dq$ はポアソン過程に従うジャンプ項である。$dq = 1$ の確率は $\lambda dt$ で, $dq = 0$ の確率は $1 - \lambda dt$ となる.。

また, $J(S,t)$ はジャンプサイズ (Jump Magnitude) であり, ある特殊な分布に従うことが多く, 例えば, 正規分布, 対数正規分布, 均一分布, $t$ 分布などが考えられる。

株式市場の変化の様子を照らし合わせると, 急減な株価変化が現れたときに, SDE (10.16) は明らかに SDE (10.15) よりは, より正確に構造変化の出現を捉えることができよう。こういった構造変化は, いくつかの要因によって, 引き起こされる。まずはマーケットの情報は対称的ではないことや, マーケットプレイヤーは独自の情報や判断で投資活動を行っている。さらに公表 (予測) さ

れる上場企業の業績や経済指標などがマーケットに織り込まれてない状況が考えられる。例えば，会社の倒産などである。

　こういう SDE における構造変化の検出については，以下の 3 つのケースを考える。

　1) ドリフト関数 $a(S, t)$ に変化のある場合

　2) 拡散関数 $b(S, t)$ に変化のある場合

　3) ジャンプ項 $J(S, t)$ に変化のある場合

　これまで多くの研究では 1 ）の場合が検討なされてきているので，ここでは，主に 2 ），3 ）の場合を考える。2 ）の場合は SDE に関わるボラティリティの変化として捉えられる。3 ）の場合は，計数過程として捉えることができる。そしてベイジアン手法を適用させる。

## 10.4.2　ジャンプ拡散 (Jump-Diffusion)SDE の具体例

　本節では典型的なジャンプ拡散 (Jump-Diffusion)SDE の具体例を通じて，SDE が有している統計的な性質を確認しておく。

　最も典型的な例では，$a(S, t) = \mu$ and $b(S, t) = \sigma$ となり，$W$ はウィーナー (Wiener) 過程である。すなわち，

$$dS = \mu dt + \sigma dW \tag{10.17}$$

　図 10.7 の中では，幾何ブラウン運動をシミュレートした 5 つのパース ($\mu = 0.03$, $\sigma = 0.2$ and $S_0 = 1$) が描かれている。

　すなわち，$dS$ は $N(\mu dt, \sigma^2 dt)$ に従う。

$$S_t = S_0 exp\{(\mu - \frac{1}{2}\sigma^2)t + \sigma\sqrt{t}z\} \tag{10.18}$$

ここで，$S_0$, $S_t$ は時刻 0 と $t$ のときの資産の価格とすることができる。

　そして，ジャンプ項を追加すれば，以下の式が得られる。

$$dS = \mu dt + \sigma dW + Jdq \tag{10.19}$$

　ジャンプ項の追加によって，上の式はもっとレア・イベント (Rare Event)

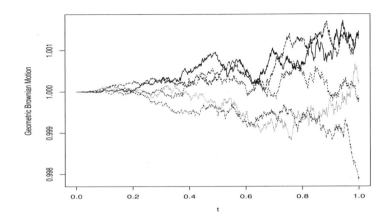

図 10.7　幾何ブラウン運動をシミュレートした 5 つのパース

を生成することができ，株価市場におけるヘビーテール (Heavy(Fat)Tail) の
現象を解釈できる。

　式 (10.19) の解は以下のように表せる。

$$S_t = S_0 exp\{(\mu - \frac{1}{2}\sigma^2)t + W_t\} \prod_{i=1}^{n} Y_i \tag{10.20}$$

ここで，$n$ は時刻 0 から $t$ までのジャンプの回数であり，$Y_i$ はジャンプサイズ
であり，$\prod_{i=1}^{n} Y_i = 1$ if $n = 0$ となる。

　一方，資産の価格などの変動が SDE を用いて記述されている場合，SDE に
おける構造変化が起これば，ポートフォリオの構成や，VaR への評価にも影響
を与えることは明らかである。

　以上の議論を踏まえて，ある変数における変化量を以下のように定義する。

$$\Delta V_t = V_t - V_{t-}. \tag{10.21}$$

つまり，予め設定されたレベル $l$ を超えたとき，イベント $S_t$ が発生するとみな

す。すなわち，

$$S_t = \begin{cases} 1, & |\Delta V_t| \geq l \ (\text{イベント発生}) \\ 0, & \text{その他} \end{cases} \tag{10.22}$$

前述したように，時間区間 $[0, T]$ 内における発生したイベント総数を $N(S_t) = \Sigma_{t=1}^n S_t$ とする。

以下では前章に述べたアルゴリズムに基づき，Gibbs サンプラーを用いてシミュレーションを行う。

### 10.4.3 数値実験の結果

本節において，数値シミュレーションを行った結果を示す。数値実験により，上に述べたアルゴリズムは SDE における構造変化，あるいは転換点の検出力が確認された。また，構造変化，あるいは転換点の発生による VaR の評価値に変化をもたらしたことも明らかになった。

[数値実験 1] 人工データを用いた確率微分方程式におけるパラメータの変化に関する3つの数値実験の結果を示す。ここで，ジャンプが発生する間隔が指数分布に従うとする。ジャンプサイズを平均 $\mu_\xi$ と標準偏差を $\sigma_\xi$ とする正規分布に従うとする。

そして SDE に基づき，2,000 個の観測値 (OBS) を生成した。構造変化の転換点は 1,001 番目の点である。すなわち，最初の 1,000 点は $\lambda = 1.5$ で生成したに対して，1,001 から 2,000 までの点は $\lambda = 5$ で生成した。$\lambda$ 以外のパラメータは全部同じである。10 点ごとにイベントの有無を数えた。表 10.6 に具体的にリストアップしている。

| パラメータ | $\mu$ | $\sigma$ | $\lambda$ | $\mu_\xi$ | $\sigma_\xi$ |
|---|---|---|---|---|---|
| OBS:1 $\sim$ 1000 | 0.5 | 0.75 | 1.5 | 0 | 20 |
| OBS: 1001 $\sim$ 2000 | 0.5 | 0.75 | 5 | 0 | 20 |

表 10.6 異なる $\lambda$ を有する SDE のパラメータのセット

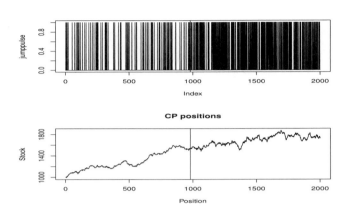

図 10.8　検出された転換点の位置図

　前述したベイジアン手法を適用すると，結果として以下の図 10.8 を得られる。図の中に転換点の位置は垂線で示されている。上の図では，ステップ関数値はそのタイミングにイベント (ジャンプ) が発生しているのを意味する。図から左から右にステップ関数値の濃淡が変わっていることが弁別できよう。最初の 1,000 点の区間ではやや薄いが，後半の 1,000 点の区間は濃くなっている。下の図は SDE のパスに検出された転換点の位置を垂線で示している。

　検出された転換点は 980 番目の点となった。誤差は約 $(1001-980)/1001 = 2\%$ だった。結構高い精度で転換点の位置を推定したと考えられる。

[数値実験 2] 次に表 9.7 のように，SDE のパラメータをセットした。$\lambda$ と $\sigma_\xi$ と両方変化があった場合を設定した。同じく 2,000 点の SDE パスを生成した。構造変化 (転換点) は 1,001 番目の点に設定した。

　同じくベイジアン手法によって，図 10.9 で示されたように垂線で検出された転換点の位置を示した。図 10.9 では，上の図はステップ関数値がそのタイミングにイベント (ジャンプ) が発生しているのを意味する。図より左から右にステップ関数値の濃淡が変わっていることが確認できよう。最初の 1,000 点の

| パラメータ | $\mu$ | $\sigma$ | $\lambda$ | $\mu_\xi$ | $\sigma_\xi$ |
|---|---|---|---|---|---|
| OBS:1 ～ 1000 | 0.5 | 0.75 | 1.5 | 0 | 20 |
| OBS: 1001 ～ 2000 | 0.5 | 0.75 | 5.5 | 0 | 30 |

表 10.7　異なる $\lambda$ 値と $\sigma_\xi$ 値を有する SDE のパラメータの設定

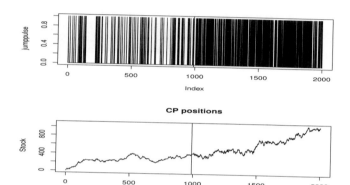

図 10.9　検出された転換点の位置図

区間ではやや薄いが, 後半の 1,000 点の区間は濃くなっている. 下の図は SDE のパスに検出された転換点の位置を垂線で示している.

　推定された転換点は 990 番目の点となった. 誤差は約 $(1001-990)/1001 = 1\%$ だった. 結構高い精度で転換点の位置を推定したと思われる.

　**[数値実験 3]** 同じく表 9.8 に示されたようにパラメータをセットした. ここでは, $\sigma, \lambda$ が途中 1,001 番目の点から変化したことを設定した. サンプル数は 2,000 個をシミュレートした.

　同様にベイジアン手法によって, 図 10.10 の結果が得られた.

　図 10.10 では, 上の図はステップ関数値がそのタイミングにイベント (ジャ

| パラメータ | $\mu$ | $\sigma$ | $\lambda$ | $\mu_\xi$ | $\sigma_\xi$ |
|---|---|---|---|---|---|
| OBS:1 ～ 1000 | 0.5 | 1.5 | 1.5 | 0 | 20 |
| OBS: 1001 ～ 2000 | 0.5 | 0.75 | 5.5 | 0 | 20 |

表 10.8　異なる $\sigma, \lambda$ を有する SDE のパラメータ設定

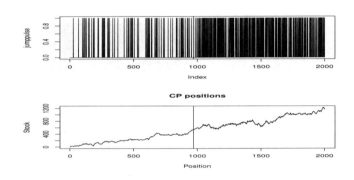

図 10.10　検出された転換点の位置

ンプ) が発生しているのを意味する。図より左から右にステップ関数値の濃淡が変わっていることが確認できよう。最初の 1,000 点の区間ではやや薄いが，後半の 1,000 点の区間は濃くなっている。下の図は SDE のパスに検出された転換点の位置を垂線で表している。

推定された転換点は 990 番目の点となった。誤差は約 $(1001-970)/1001 = 3\%$ だった。結構高い精度で転換点の位置を推定したと思われる。

## 10.4.4　ポートフォリオの構成に与える影響

ここで，数値実験 3 のデータを用いて，ポートフォリオの構成に与える影響について考えてみる。

仮にシミュレートされたデータを価格であるとしたら，転換点 970 を境界と

してデータ全体を2つのデータセット (セグメント) に区分けした。それらの
統計的性質は表 9.9, 9.10 にまとめた。

| セグメント | 平均 | 分散 |
|---|---|---|
| 1 | 237.077 | 17807.41 |
| 2 | 812.733 | 31090.56 |
| 1 ∪ 2 | 534.1255 | 107744.4 |

表 10.9 セグメント1と2の推定された平均と分散

| 4 分位数 | セグメント1 | セグメント2 |
|---|---|---|
| 0.1% | 3.737823 | 539.4399 |
| 0.5% | 18.513673 | 546.3981 |
| 1% | 19.795546 | 555.4929 |
| 2% | 24.196148 | 561.5550 |
| 5% | 33.860483 | 576.4283 |
| 10% | 57.514599 | 601.4263 |
| 50% | 220.93100 | 757.5230 |
| 99% | 525.60411 | 1200.877 |

表 10.10 セグメント1と2の4分位数

　上の表から分かるように, 転換点を境界に2つのデータセットの平均, 4分位
数が大きく異なっていた。それに対して, 収益率も大きく異なり, ポートフォ
リオの構成資産のウェートを調整ざるを得ない状況になっていた。図 10.11 は
2つのセグメントの収益率を示している。
　本節はベイジアン手法を用いた SDE の構造変化, あるいは転換点の検出法
について述べた。この手法は通信トラフィックや, 感染症の新規症例数など
の時系列データにおける転換点の検出にも有効であることを次の節に示して
いる。

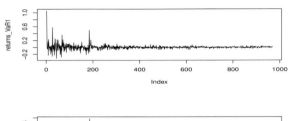

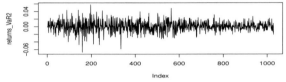

図 10.11　セグメント 1 と 2 の収益率

## 10.5　通信トラフィック転換点の検出

　近年，情報ネットワーク化が進み，ほとんどの情報機器はネットワークに繋がり，リアルタイムで情報交換が行われ，EC(E-commerce) や IoT(Internet of Things) などの事業・サービスの発展が注目されている。このように情報化は経済に大きなインパクトを与え，質的な成長要因である TFP(Total Factor Productivity) が資本や労働といった量的な生産要素の増加よりも経済成長に大きく寄与している。

　反面，コンピュータ犯罪，特にネットワークを通じたサイバー攻撃が増え，経済や社会に巨額な損失をもたらしていることも否めない事実である。アメリカのシンクタンクによれば，アメリカのサイバー攻撃による年間経済損失は約 10 兆円に上る [44]-[47]。

　組織・個人の情報を盗み出し・改竄や，フィッシングや，ランサムウェア (Ransomware) などといったサイバー攻撃によって，サーバ・ネットワークが正常に機能できなくなる場合も多く見られている。なかでもサーバやユーザ端

末などへの不正アクセスが急増している。これらの犯罪を防ぐため，システム管理者は常にシステムの運用状況を監視し，特にシステムの負荷，例えばネットワークのトラフィックの急激な変化を注視 (Traffic Monitoring) しなければならない。

本節ではサーバ通信量の急激な変化に注目し，迅速に攻撃を検知するため，前述したベイズ推定 (Bayesian Inference) の手法を用いて通信量の急激に変化する転換点の検出法を考案し，攻撃の発生時にいち早く警告 (Warnings) を出すことを目的としている。後の数値実験の結果により，提案手法の有効性が確認された [48][49]。

### 10.5.1 DoS 攻撃と通信トラフィック

サイバーの攻撃の種類は 1) ブルートフォースアタック，2)DoS(Denial of Service) 攻撃あるいは DDoS(Distributed Denial of Service) 攻撃 (複数台のコンピュータから攻撃を仕掛ける場合が多い), 3)SQL インジェクション, 4) クロスサイトスクリプティング, 5) ルートキット攻撃, 6) バッファオーバーフロー (BOF) 攻撃, 7) セッションハイジャック, 8)OS インジェクション, 9) バックドアなどに分類できるが，この他には，マルウェア (Malware) というコンピュータウイルス系の悪意のあるプログラムによる攻撃が知られている。

このうち，総当たり攻撃と呼ばれるブルートフォースアタックは，パスワード等を割り出すため，すべて文字 (Character) の組合せが用いられている。また DoS あるいは DDoS 攻撃はネット上に分散している複数のコンピュータから仕掛けられる攻撃である。これらの攻撃によって，短時間に通信トラフィックが激増するケースが見られている。

現実に DDoS 攻撃の被害を受けた一例としては, 2022 年の米国の Cloudflare 社への攻撃が知られている。数百 GBPS の規模の攻撃だったと報じられたものである。またフランスのセキュリティ会社 OVH はピーク時には少なくとも 990GBPS の DDoS 攻撃を受けていた。これらの攻撃事例においては，実際にマルウェアを利用してインターネット上の複数台のコンピュータが乗っ取られている。そして，乗っ取られた複数のコンピュータから標的サーバのアプリ

ケーションにリクエストを一斉に送り，通信トラフィックの急激な増加による
サーバのサービス提供の障害を生じさせるわけである。すなわち，これこそが
DDoS の名前の由来: Distributed Denial of Service である。

　これらの攻撃手法によって，通信トラフィックの到着率は，平常利用時の到
着率と著しく異なる値が出現する。つまり，時間区間 $[0, T]$ においては，その
どこかで通信トラフィックの到着率の転換点が必ず存在する。ここで，到着率
を異なるポアソン過程とすると，$t \leq k$ のとき，到着率は $\gamma$ であり，$t > k$ のと
きは到着率は $\delta$ になるとする。すなわち，$\gamma, \delta, k$ の値に応じて変動し得る通信
トラフィックの発生を想定し，短い時間の区間内での到着数を $N(S_t)$ とする
と，前述したベイジアンアプローチを適用させ，転換点を検出できる。

## 10.5.2　数値実験

　本節ではいくつかのシミュレーションの結果を示し，前述したベイジアン手
法の有効性を確認する。まず，通常状態を想定して閑散期と繁忙期の 2 つに分
けたケースについて，シミュレーションを行い，適切に転換点を検出すること
ができるかどうかを確認する。次に複数の転換点が存在するケースについて，
提案手法の有効性を検証する。さらにサイバー攻撃を受けたときの状況をシ
ミュレートして，ケーススタディを行い，攻撃を受けた時刻を正確に検出でき
るかについて検証する。転換点が 1 つのみの場合は容易に検出されるが，複数
の転換点を検出するため，一般的には Bisection Algorithm を用いたことが有
効である。

　[**実験 1**] 4 つの異なるグループとしてシミュレートしたデータセットは次に
なる。ここでは各グループ (G1〜 G4) の到着率 ($\lambda$) はそれほど大きく差が付
かないようにセットしている。

　G1:　$\lambda=3$, 観測値＝[5, 0, 4, 2, 1, 3, 3, 4, 1, 4]

　G2:　$\lambda=10$, 観測値＝[8, 12, 7, 10, 10, 6, 8, 11, 5, 10]

　G3:　$\lambda=50$, 観測値＝[66, 46, 45, 41, 50, 51, 47, 46, 46, 40]

　G4:　$\lambda=8$, 観測値＝[5, 10, 8, 5, 9, 8, 8, 8, 2, 9]

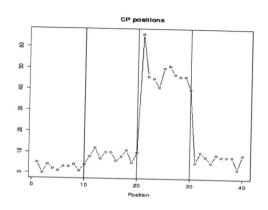

図 10.12　複数の転換点 (繁忙期と閑散期) の検出 (実験 1)

　図 10.12 は数値実験 1 の結果を示している。検出された複数の転換点はシミュレーションで設定された通りになっていて，それぞれ 10, 20, 30 番目の観測値が転換点として検出されている。

　[**実験 2**] 実験 1 と同じく 4 つの異なるグループのシミュレートしたデータセットは以下になる。ただし，実験 1 と異なり，ここでは，各グループの到着率はそれぞれ著しく異なるようにセットしている。

　G1: $\lambda=150$, 観測値=[144, 148, 146, 172, 174, 143, 152, 143, 183, 153]

　G2: $\lambda=100$, 観測値=[96, 109, 95, 94, 107, 92, 97, 125, 86, 102]

　G3: $\lambda=30$, 観測値=[24, 21, 29, 24, 28, 26, 24, 27, 31, 34]

　G4: $\lambda=90$, 観測値=[111, 80, 86, 94, 94, 92, 67, 99, 91, 96]

　図 10.13 は数値実験 2 の結果を表わしている。シミュレーションの設定では，転換点はそれぞれ 10, 20, 30 番目の観測値であったのに対して，検出された転換点は，それぞれ 11, 21, 30 番目の観測値となり，ほぼ正確に設定されている転換点を検出することができた。

　またサイバー攻撃を受けたときに，通信トラフィックが通常の水準から一気に上がって行く場合を想定して，シミュレーションの結果は以下のようになる。

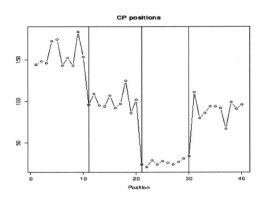

図 10.13   複数の転換点 (繁忙期と閑散期) の検出 (実験 2)

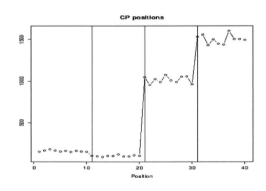

図 10.14   サイバー攻撃された時の転換点の検出 (実験 3)

[**実験 3**] 各異なるグループのシミュレートしたデータは以下のようになる。

G1: λ=150, 観測値=[151, 165, 179, 165, 152, 161, 148, 161, 153, 150]

G2: λ=100, 観測値=[103, 97, 89, 102, 101, 119, 95, 97, 110, 103]

G3: λ=1000, 観測値=[1046, 952, 1024, 987, 1073, 1009, 987, 1052, 1056, 960]

G4: λ=1500, 観測値=[1530,1558,1429,1498,1446,1436,1604,1503,

1502,1492]

図 10.14 は数値実験 5 の結果が表わされている。シミュレーションの設定
では，転換点はそれぞれ 10, 20, 30 番目の観測値であったのに対して，検出さ
れた転換点は，それぞれ 11, 21, 31 番目の観測値となり，ほんの僅かの誤差で
設定されている転換点を検出することができた。以上，各グループの到着率に
はそれほど大きく差が付かないケースにおいてさえ，提案した手法でほぼ正確
に転換点を検出できたが，さらに前述したように通常状態とは異なる，大規模
なサイバー攻撃を受けたような場合においては，それぞれの到着率は，数値実
験例以上の大差が見られるものと考えられることから，我々の提案した方法で
容易に検出できることは明白であろう。

本節は通信トラフィックの急激な増加に注目し，ネット攻撃を検知するため，
ベイジアン法を適用した。数値シミュレーション実験により，提案した手法の
正確性と有効性を確認した。

同じく CPU の負荷量の転換点や，メモリのアクセスなどの転換点をも重視
した多次元監視システムの構築や，人工知能 (Artificial Intelligence) による攻
撃を検知する自動チューニングモデルなどが必要であろう。今日重要な役割を
果たしているネットワークの安全性，守秘性等の向上は今後とも大きな課題で
あろう。

## 10.5.3 実測通信トラフィック解析及びその転換点の検出

本節では K 大学の M キャンパスのネットワーク通信量を測り，各建屋間の
ネットワーク利用状況の解析を行い，その通信トラフィックの時系列データの
統計特性を捉える。そして繁忙期 (Busy Season) と閑散期 (Low Season) の分
岐点の推定も行い，提案した数理的な手法による各期のそれぞれの転換点を検
出する [49]。

**データ構造について**

M キャンパスの各建屋間のネットワークトラフィックデータに基づき，ネッ
トワーク通信の統計的特性を調べてみた。

データの期間は 2017 年 4 月 1 日から 2018 年 5 月 31 日までであり，毎日

の 1 時間ごとの通信トラフィックの記録である。通信トラフィックの内訳は，送受信通信トラフィック，送受信速度，およびそれらの合計などとなる。

現在の M キャンパスにおいては，学外回線 3 本を設けており，それぞれ A，B，C 回線と呼ぶ。また，別地区にある A キャンパスとの間はネットワーク D 回線が運用されている。各建屋は主に 1000 号館のコアスイッチを通じて，学内外と交信している。

ここで，学外回線 A を例にして，データの構造を説明する。RAW データセットから計 18 個のコラム，そのうち時間単位で 2017 年 4 月 1 日から 2018 年 3 月 31 日までちょうど 365 日分のデータレコード 8,760 件を整理した。種々のデータコラムがデータレコードに含まれているが，なかには，RAW データといった正式なトラフィック記録データなどに変換されていなかった原始データが含まれていた。それらのデータを取り除いて，トラフィックの送受信合計量，および各々の送信・受信量，また送受信合計速度や，送信・受信速度などのコラムを抽出し，それらの記録を主に解析に利用した。また，RAW データでは，トラフィックの単位は KB，通信速度の単位 Kbps だったが，解析の結果はそれぞれ GB，および Mbps に直した。

学外に接続している回線 A の 1 年間分のデータ (単位 : GB) を用いて，毎日の通信量の変化の様子を図 10.15 に描いた。

図 10.15 に示されたトラフィックの変化を眺めると，4 月上旬から学期が始まり，トラフィックは次第に増えていき，5 月の連休にいったん減少するものが，連休が終わると，夏休みまで，増えている様子が確認できよう。また，夏休み明け，後期が始まってから冬休みまでの間に，また高い通信量が記録されている一方，冬休みや春休みの期間中に通信量が減少するものの，2018 年 4 月から再び通信量が上昇したことが，手に取るほど分かるだろう。

同じく上記期間中の時間単位の通信トラフィックの変化については，図 10.16 では 2017 年 4 月 1 日から 5 月 31 日まで 61 日の 1,464 時間の時間ごとの通信速度を示している。夜間や早朝など，トラフィックが少ない時間帯において，相対的に時間単位の通信速度も低くなっていることが読み取れよう。

図 10.17 では，2017 年 4 月 1 日-2018 年 5 年 31 日の時間ごとのトラフィックのヒストグラムを示している。上述したように深夜や早朝，休日などにおい

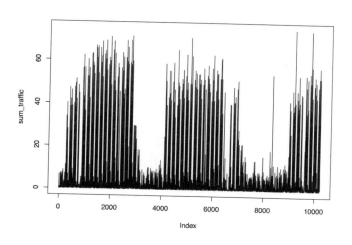

図 10.15 時間単位の通信量 (回線 A の場合)

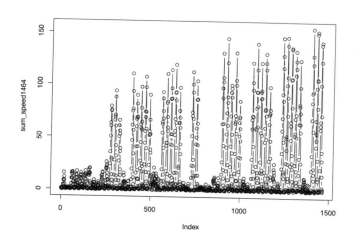

図 10.16 61 日の 1,464 時間の通信速度変化

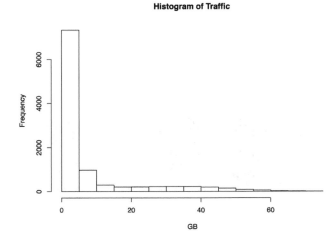

図 10.17　時間ごとのトラフィックのヒストグラム

て, 通信量の少ない状況を示唆している。そのため, 0GB あたりの頻度が高い
ことは一目瞭然だろう。従って, このようなデータの周期的変動は, 主に深夜
から早朝までの時間帯や, 週末, 連休や, 学期の始まり, 学校休みなどの期間に
よるものだと考えられる。

　上記のトラフィックレコードを踏まえて, 元のデータを加工して, 日次デー
タセットと曜日ごとのデータセットを作成した。これらのデータセットから,
365 日の時系列データ, および曜日ごとのデータの統計特性の解析を行った。

## 10.5.4　解析結果のまとめ

### 回線 A について

　上記 365 日の整理データセットから, それらの時系列データの統計性質を解
析し, 以下のようにまとめた。 ここから sum_traffic, sum_rec, sum_send は,
それぞれ日次送受信量, 日次受信量, 日次送信量を指す。

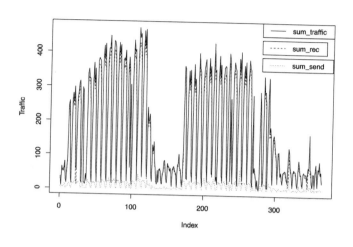

図 10.18　365 日のトラフィックの変化

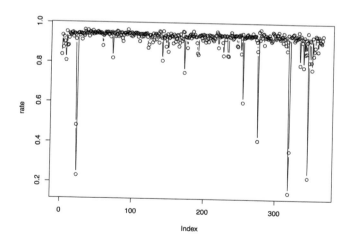

図 10.19　受信量が全通信量に占めた比率

図 10.18 からは全トラフィックのうち，受信トラフィックが大半を占めていることは明らかであろう。図 10.19 から受信量は全通信量の約 90% 以上を占めていることが伺える。

| cor | sum_traffic | rec_traffic | send_traffic |
|---|---|---|---|
| sum_traffic | 1 | 0.999 | 0.773 |
| rec_traffic | 0.999 | 1 | 0.741 |
| send_traffic | 0.773 | 0.741 | 1 |
| cov | sum_traffic | rec_traffic | send_traffic |
| sum_traffic | 22,061.436 | 20,823.660 | 1,237.776 |
| rec_traffic | 20,823.660 | 19,702.050 | 1,121.612 |
| send_traffic | 1,237.776 | 1,121.612 | 116.164 |

表 10.11　A 回線の各トラフィック間の相関係数および共分散行列

表 10.11 には各トラフィック間の相関係数および共分散行列を示している。送信量が少ないため，分散は小さくなっていることが確認できよう。

回線 B, C, D などの結果は回線 A と似ているので，ここでは割愛させて頂く。

## 10.5.5　曜日ごとの解析結果

M キャンパスは回線 A, B, C で外部のインターネットと交信しており，それぞれの回線に関する各々の集計は以下のようになる。

### A 回線の曜日ごとの基本統計量

表 10.12, 10.13, 10.14 はそれぞれ曜日ごとの送受信量，受信量，送信量の基本統計量を示している。

各表から分かるように受信量は送信量より遥かに大きい。

同様に B, C, D 回線の曜日ごとの送受信量の基本統計量も得られたが，ここでは省略する。

| | SAT | SUN | MON | TUE | WED | THUR | FRI |
|---|---|---|---|---|---|---|---|
| Min. | 9.606 | 7.561 | 8.647 | 2.701 | 10.44 | 16.61 | 13.68 |
| 1st | 31.98 | 14.88 | 65.15 | 72.71 | 81.21 | 60.57 | 59.09 |
| Median | 43.42 | 19.89 | 272.1 | 332.4 | 307 | 293.9 | 244.4 |
| Mean | 52.7 | 20.96 | 219.7 | 252.3 | 239 | 236.3 | 188.5 |
| 3rd | 57.27 | 24 | 331 | 386.1 | 360.3 | 364.3 | 270.5 |
| Max. | 245 | 52.29 | 410.2 | 470.8 | 442.1 | 466.3 | 387.5 |
| Var | 1,407 | 90 | 17,982 | 24,595 | 19,898 | 24,249 | 13,059 |

表 10.12 送受信量の曜日ごとの統計

| | SAT | SUN | MON | TUE | WED | THUR | FRI |
|---|---|---|---|---|---|---|---|
| Min. | 8.637 | 7.094 | 8.307 | 2.485 | 9.848 | 15.84 | 12.91 |
| 1st | 29.53 | 12.09 | 55.77 | 62.44 | 76.02 | 53.98 | 53.8 |
| Median | 39.41 | 16.72 | 256 | 310 | 286.9 | 276.2 | 226.5 |
| Mean | 48.43 | 17.46 | 204.2 | 234.3 | 224.6 | 220.6 | 176 |
| 3rd | 51.89 | 21.02 | 312 | 362.8 | 335.1 | 341.7 | 254.3 |
| Max. | 232.1 | 39.43 | 386.2 | 436.2 | 416.9 | 439.5 | 360.2 |
| Var | 1,277 | 45 | 16,479 | 22,384 | 17,714 | 21,405 | 11,667 |

表 10.13 受信量の曜日ごとの統計

## 10.5.6 転換点の検出

　一般的には，学期が始まってからは，教職員や学生の利用によって，ネットワークの通信量が増え繁忙期になり，夏休み，春休み，冬休み，連休などは閑散期になり，通信量が大幅に減ると考えられる。

　そこで，我々は数理的手法を用いて，繁忙期と閑散期との分水嶺を検出してみた。ここで一例として挙げているのは，C 回線の通信トラフィックの時系列

|        | SAT    | SUN    | MON    | TUE    | WED    | THUR   | FRI    |
|--------|--------|--------|--------|--------|--------|--------|--------|
| Min.   | 0.6904 | 0.4036 | 0.3397 | 0.2161 | 0.5873 | 0.7709 | 0.7699 |
| 1st    | 2.016  | 0.7936 | 6.967  | 6.946  | 5.992  | 4.504  | 4.38   |
| Median | 2.965  | 1.061  | 17.66  | 20.48  | 16.3   | 17.01  | 14.59  |
| Mean   | 4.263  | 3.5    | 15.52  | 18.04  | 14.46  | 15.74  | 12.49  |
| 3rd    | 4.765  | 2.53   | 20.09  | 23.92  | 20.73  | 21.52  | 16.88  |
| Max.   | 34.54  | 40.18  | 71.48  | 80.45  | 34.6   | 60.96  | 31.41  |
| Var    | 24     | 58     | 121    | 172    | 71     | 123    | 51     |

表 10.14　送信量の曜日ごとの統計

データの転換点の解析である。

　まず，前述した日次データ (365 日分) から毎日受信量の時系列データを取り出して解析を行った。図 10.20(上) から分かるように，週末などの利用が少ないため，季節変動の要因が含まれている。そこで，元の時系列データから季節変動，不規則変動の要因を取り除き，トレンドを対象に転換点の検出を行った。トレンドを抽出するプログラムの例は以下になる。

```
─ トレンドの抽出 ─────────────────
plot(traffic_data,type="o")
all.deseason<-ts(as.numeric(traffic_data),frequency=30)
yt.stl<-stl(all.deseason,s.window="per")
plot(yt.stl)
all.trend<-yt.stl$time.series[,2]
all.trend2<-scale(all.trend)
plot(all.trend2,typ="l",main="Deseasoned",ylab="trend")
```

　図 10.20 に元の時系列データ (上) と得られたトレンド (下) に示されている。そして前述のように提案したベイジアンアルゴリズムを用いて転換点の検出を試みた。図 10.21 で検出された転換点は 91 日目，182 日目，273 日目となり，

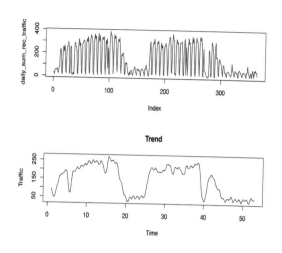

図 10.20 受信量の時系列データ (上) およびトレンド (下)

それぞれ 6 月 30 日, 9 月 29 日, 12 月 29 日に対応している。

　1 番目の転換点は, ほぼ一定の通信量が急減しているのを示しているが, 2 番目の転換点は後期の始まりによって, トラフィックは急激な上昇を見せている。3 番目の転換点は年末による急激なトラフィック減少を示唆している。

　本節はネットワークトラフィックについて, 数値シミュレーション実験および実測ネットワークトラフィック解析を行った。

　実際, トラフィックの転換点の検出について, 実例の 1 つとして挙げたのは C 回線の受信のトラフィック時系列データにおける転換点の検出を試みた。実証分析によってその有効性が確認された。

## 10.6　COVID-19 の新規感染者数の例

　本節では, 新型 COVID-19 ウイルスの新規感染者数のデータは世界保健機関 (WHO: World Health Organization) や, ジョンズ・ホプキンス (Johns Hop-

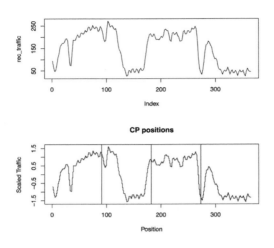

図 10.21　転換点の検出の例

kins) 大学コロナウィルスリソースセンター (Coronavirus Resource Center) によって公表されている 2020 年 7 月までのデータを用いている。新規感染者の状況を把握し，ダイナミックに追跡するため，その増減の転換点を注視することが重要である (医療逼迫は起きていないか，機動的な感染対策を実施する必要があるかなど)。その増減の転換点を上述したベイジアン手法で求めた [43][50][51]。その主な結果を以下のようにまとめておく。

## 10.6.1　実証分析の結果

実証分析においては，ドイツ，イタリア，オーストリアの新規感染者数のデータを用いた。

＜ドイツのケース＞

データ期間は 2019 年 12 月 29 日から 2020 年の 6 月 25 日，およそ 6 ヵ月間である。図 10.22 は新規感染者数 (累積)，図 10.23 は毎日の新規感染者数の時

系列データをそれぞれプロットしている。最初は数例しかなかったが，50 日目頃から，急激に増加していて，100 日目頃以降は，増加のペースが落ち着き，減少していたように見られる。

　パンデミックには 3 つの過程: 1 ) 初期の少量の症例数，2 ) 急激な増加期，3 ) 感染者の新規増加が落ち着く期，があると考えられよう。それぞれの過程においては，異なる対策措置を講じる必要があると思われる。

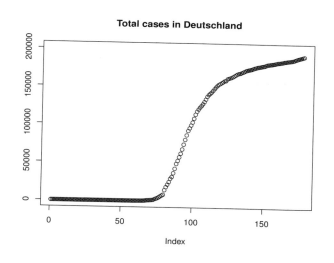

図 10.22　累積感染者数 (ドイツ)

　図 10.24 は毎日の新規感染者数のヒストグラムを示している。

　検出された転換点はそれぞれ 41 日目，83 日目，130 日目の点となった。以降では，毎日の新規感染者数は大きいので，その対数をとったものを縦軸にする。また "＋" とプロットされた日は新規感染者数ゼロだったと意味する。図 10.25(ログスケール) は検出された転換点の位置を垂線で表している。

　3 つの転換点はそれぞれ，2 月 2 日，3 月 20 日，5 月 17 日に対応している。累積感染者数，日次新規感染者数の図に転換点を描いているのは，図 10.26, 10.27 となっている。

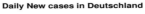
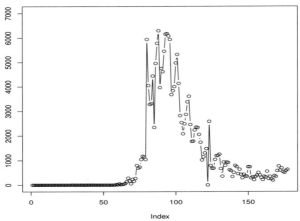

図 10.23　日次新規感染者数の推移 (ドイツ)

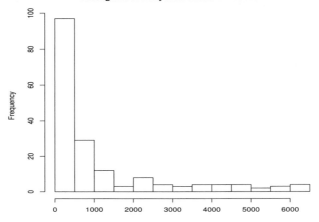

図 10.24　日次新規感染者数のヒストグラム (ドイツ)

　1 番目の転換点は感染拡大の初期において，症例数の少ない時期を表している。この時点を過ぎると，新規感染者数が急激に増えているのを確認できる。

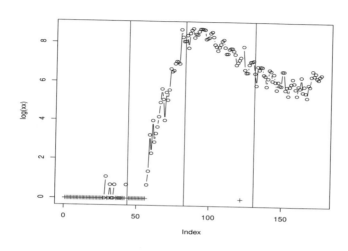

図 10.25　日次新規感染者数の推移 (ドイツ)(ログスケール)

　2 番目の転換点は，感染者数のピーク期を表している。それ以降は多くの都市封鎖 (Lockdown) などの対策が執行されていた。例えば，3 月 22 日に，ベルリンなどがロックダウンされて，23 日には全国的に多人数の集まりの禁止などの措置が取られた。それに加えてソーシャルディスタンスのキープや，マスクをすることなどで，新規症例数は減少傾向に向かい，感染の拡大が抑えられていた。

　3 番目の転換点は新規感染者数をある程度の小さな数に抑えることができた時期を意味している。

　実際，ドイツでは，慎重かつ逐次にロックダウンを解除して，5 月 10 頃から，博物館やプレイグラウンド，他の文化施設を再開した。これは 3 番目の転換点に対応していることが確認できよう。

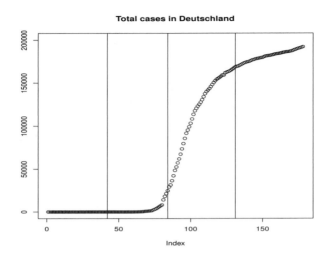

図 10.26　累積新規感染者数の推移 (ドイツ)

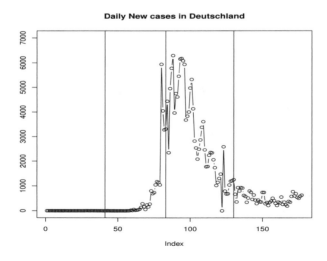

図 10.27　日次新規感染者数の推移 (ドイツ)

< イタリアのケース >

観測値の期間はドイツと同じく, ほぼ 6 ヵ月間だった。結果は以下の図の通りとなった。

図 10.28 はログスケールで日次新規感染者数の推移を示している。図 10.29, 図 10.30 はそれぞれ累積, 日次新規感染者数の推移を表している。

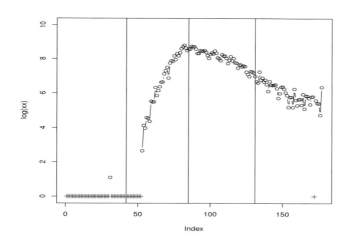

図 10.28　日次新規感染者数の推移 (イタリア)(ログスケール)

検出された転換点は 42 日目, 85 日目, 及び 131 日目の点であった。それぞれ感染の第 1, 第 2, 及び第 3 ステージに対応していると見られる。図 10.28 はログスケールで日次新規感染者数の推移を示しているが, 垂線で検出された転換点の位置を表示している。図 10.29, 図 10.30 はそれぞれ, 全体新規感染者数の推移, 日次新規感染者の推移における転換点の位置を示している。"＋"の位置は新規患者ゼロの日を表している。

< オーストリアのケース >

観測値の期間はドイツ, イタリアと同じく, 大体 6 ヵ月間だった。図 10.31,

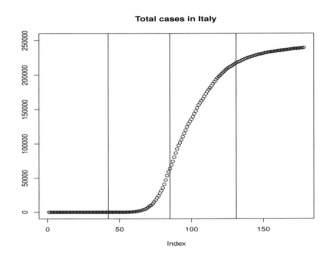

図 10.29　累積新規感染者数の推移 (イタリア)

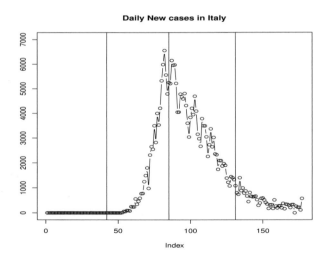

図 10.30　日次新規感染者数の推移 (イタリア)

図 10.32, 図 10.33 はそれぞれログスケールで日次新規感染者数の推移, 累積日次新規感染者数および日次新規感染者数の推移, また垂線で検出された転換点を示している. 図 10.31 には "+"はゼロ件を表している.

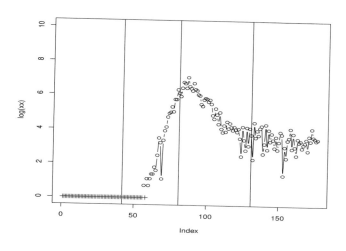

図 10.31　日次新規感染者数の推移 (オーストリア)(ログスケール)

　検出された転換点は 42 日目, 81 日目および 131 日目の点であった. それぞれ感染の第 1, 第 2, 及び第 3 ステージに対応していると見られる. 図 10.31 はログスケールで日次新規感染者数の推移を示している. 図 10.32, 図 10.33 はそれぞれ, 全体新規感染者数の推移と, 日次新規感染者数の推移における転換点の位置を示している.

　本節では, ベイジアン手法を用いて COVID-19 感染症者数の時系列データにおける転換点の検出を試みた. ケーススタディとしてはドイツ, イタリア, オーストリアの状況分析を行った. その結果からベイジアン手法は, ほぼ正確に各ステージの転換点を検出することが確認できた.

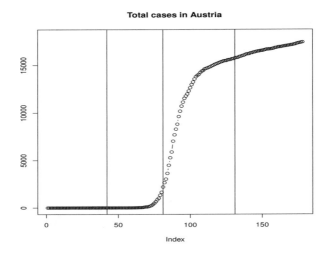

図 10.32　累積日次新規感染者数の推移 (オーストリア)

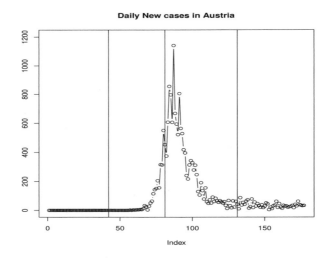

図 10.33　日次新規感染者数の推移 (オーストリア)

## 10.7 IS によるレア・イベントの測定

レア・イベントの生起確率を測定するために, いくつかの方法が考えられる。例えば, モンテカルロ法 (CMC: Crude Monte Carlo Simulation) や分散減少法 (Variance Reduction) などが挙げられる。

ここでは, 重点サンプリング法 (IS: Importance Sampling) を用いて VaR(Value at Risk) や, ネットワークトラフィックのテール分布 (Tail Distribution) などのレア・イベント生起確率を測る方法について解説する。

### 10.7.1 IS 法によるレア・イベントの確率の測定

ある $x_p$ 以上のイベントの生起する確率を $p_t$ とし, $f(x)$ は確率密度関数とすると

$$p_t = P(x > x_p) = \int_{x_p}^{\infty} f(x)dx \tag{10.23}$$

となる。

しかしながら, 標準モンテカルロ法では, このようなレア・イベントの確率を正確に割り出すには計算コストが非常に高い。ここで, IS 手法を利用して効率的にレア・イベントの確率を求める方法を示しておく。

すなわち, 確率密度関数 $f(x)$ に対して, 確率変数 $z$ を以下のように定義する。ここで, $f^*(z)$(Importance Function) は, $f(x)$ より $x_p$ の近い領域, あるいはそれ以上の領域で生起する確率が高い確率密度関数である。

$$p_t = \int_{x_p}^{\infty} \frac{f(z)}{f^*(z)} f^*(z)dz, \tag{10.24}$$

従って

$$P(x > x_p) = E[I(z > x_p)l_z)] \tag{10.25}$$

$$l(z) = \frac{f(z)}{f^*(z)} \tag{10.26}$$

ここで, $E(.)$ は期待値である。 $l(z)$ は尤度比である。

同じく関数 $g(y)$ においては, 以下のようになる。

$$E[g(y)] = \int g(y)f(y)dy \tag{10.27}$$

近似的には以下のように書ける。

$$E[g(y)] \approx \frac{1}{n}\sum_{i=1}^{n} g(y_i) \tag{10.28}$$

ここで, $y_i$ は $f(y)$ により生成された IID(IID: Independent and Identically Distributed) の乱数である。

そして

$$E[g(y)] = \int g(y)\frac{f(y)}{h(y)}h(y)dy \tag{10.29}$$

すなわち,

$$E[g(y)] \approx \frac{1}{n}\sum_{i=1}^{n} g(y_i)\frac{f(y_i)}{h(y_i)} \tag{10.30}$$

となる。

大数の強法則により, これは不偏・一致推定量となる。しかも 分散$_{cmc}$ ≧ 分散$_{IS}$ となる。

## 10.7.2　重点サンプリング (Importance Function) の決め方

重点サンプリングをするには, 指数分布族を用いた指数傾斜 (Exponential Tilting) 手法がよく使われている。

基本的な考え方は以下のようになる。

(1) 関数 $f^*(x)$ は次のように定義する。

$$f^*(x) = e^{sx-\mu(s)}f(x), \tag{10.31}$$

ここで, 関数 $\mu(s) = logM(s)$ は $f(x)$ の積率母関数 $M(s) = E\{e^{sX}\}$ の対数をとったものである。

(2) $s$ の最適値

もし $f(x)$ が分かれば, $s$ の値は次の式の最小化によって定まる.

$$I(s) = \int_t^\infty e^{-(sx-\mu(s))} f(x) dx, \tag{10.32}$$

$$\bar{I}(s) = e^{-2(st-\mu(s))}, \tag{10.33}$$

$f(x) = \alpha e^{-\alpha x}$ とすれば, $s$ の最適値 $(s_t)$ は $s_t = \alpha - \frac{1}{t}$ となる. 例えば, $\alpha = 1$, $t = 13.81551$(その時 $p_t = 10^{-6}$) のとき, $s_t = 0.9276176$ となる.

(3) IS のゲインについて

IS のゲイン $\tau$ は下式

$$\tau = \frac{p_t(1-p_t)}{E^*\{l^2(X \geq t)l^2(X)\} - p_t^2}. \tag{10.34}$$

と定義されている. これはモンテカルロ法と IS は同じ分散を持つときのサンプル数の比率である.

## 10.7.3 数値例

[例題 **10.1**]$\alpha = 1$ とする指数分布を例として取り上げる.

レア・イベント $x_p => 13.81551$ の確率 (正解: $p_t = P(x > x_p) = 10^{-6}$) の推定をモンテカルロ法と IS 手法で行い, その結果を比較してみた. サンプル期待値 $E\{p_t\}$ と分散 $V\{p_t\}$ とすると,

モンテカルロ法では, 500,000 個のサンプルを生成し, $E\{p_t\} = 0.90001 \times 10^{-06}$, $V\{p_t\} = 1.46316 \times 10^{-12}$ が得られた一方, IS 手法では, $E\{p_t\} = 1.00180 \times 10^{-06}$ と $V\{p_t\} = 9.92378 \times 10^{-17}$ が得られた. サンプル数は 100,000 であった. そして $\tau = 54075.94$ が得られた. IS 手法のメリットは明らかであろう.

[例題 **10.2**] 通信の研究によく使われているアーラン (Erlang) 分布 (確率密度関数 $f(x; k, \lambda) = \frac{\lambda^k x^{k-1} e^{-\lambda x}}{(k-1)!}$) の例を取り上げる. ここで, $k$ は整数で, 形状 (shape) と, $\lambda$ は正の実数でレート (rate) と呼ぶ. この分布に IS 手法への適用

しテール分布 $p_t$ の平均値の推定を行った結果を表 10.15 にまとめた。テール
分布の $E\{p_t\}$, $Var\{p_t\}$, $E(\tau)$ からモンテカルロ法よりも IS 手法で計算の効
率は大幅に向上されたことが読み取れよう。

|                          | $E\{p_t\}$,              | $Var\{p_t\}$               | $E(\tau)$  |
|--------------------------|-------------------------|----------------------------|------------|
| $k = 2, \lambda = 0.5$   | $9.96742 \times 10^{-7}$ | $5.58907 \times 10^{-16}$ | 71720.26   |
| $k = 3, \lambda = 0.5$   | $1.00180 \times 10^{-6}$ | $4.18494 \times 10^{-16}$ | 81241.86   |
| $k = 5, \lambda = 1.0$   | $1.00472 \times 10^{-6}$ | $1.92633 \times 10^{-16}$ | 94092.20   |
| $k = 6, \lambda = 2.0$   | $1.00332 \times 10^{-6}$ | $2.95359 \times 10^{-16}$ | 98969.77   |
| $k = 7, \lambda = 2.0$   | $1.00349 \times 10^{-6}$ | $4.09430 \times 10^{-16}$ | 102626.74  |

表 10.15　異なる $k$ と $\lambda$ における $E\{p_t\}$, $Var\{p_t\}$, $E(\tau)$ の推定

IS 手法は他の分野においても，例えば，VaR の推定などで大きな役割を果た
している。以下では指数分布の IS 手法のプログラムを示しておく。

指数分布の重点サンプリング

```
lambda=1
tt<-qexp(0.999999,rate=lambda)
t=13.81551
pexp(t,rate=lambda)
tt=qexp(pexp(t,rate=lambda),rate=lambda)
s=lambda-1/t
rrate<-lambda-s
mu = c()
p_IS=c()
p_MC=c()
nn=50000  #MC サンプリング回数
mm=1000   # IS サンプリング回数
M=300     #繰り返し回数
```

┌─ 指数分布の重点サンプリング (続き) ──────────

```
for (i in 1:M){
like_r= c()
X = rexp(mm, rate =rrate) #mm IS   sampling
XX<-X[X>=t]
xlen=length(XX);xlen
for (ii in 1:xlen)
{
like_r[ii]<-dexp(XX[ii],rate=lambda)/dexp(XX[ii],rate=rrate)
}
mu[i]<-(sum(like_r))/xlen
p_IS[i]<-mu[i] #p_IS
#MC
Y =rexp(nn,rate=lambda)
YY<-Y[Y>=t];YY
ylen=length(YY);ylen
quantile(Y,0.999999)
q_MC<-quantile(Y,pexp(t,rate=lambda))
p_MC[i]<-1-pexp(q_MC)
}
Ep_IS=mean(p_IS)
Ep_MC=mean(p_MC)
V_IS=var(p_IS)
V_MC=var(p_MC)
c(Ep_IS,Ep_MC,V_IS,V_MC,V_MC/V_IS)
```

　その IS と従来のモンテカルロ法の比較計算結果は以下のようになる。ここで, Ep_IS,Ep_MC,V_IS,V_MC はそれぞれ IS 手法およびモンテカルロ法による推定期待値および分散であり, V_MC/V_IS は両者の分散の倍率である。

計算結果

```
> c(Ep_IS,Ep_MC,V_IS,V_MC,V_MC/V_IS)
2.722196e-06 2.049682e-05 1.275599e-13 4.492872e-10 3522.16
```

　結果としては, IS 手法はサンプリング回数 1,000 回のうち, 有効サンプル数 ($t => 13.81551$) は 300 個以上得られていたが, それに対して MC 法はサンプリング回数 50,000 回のうち, 0 個だった。

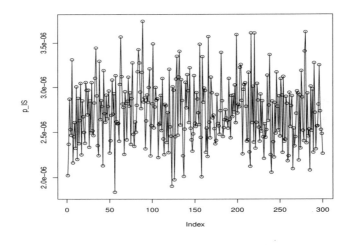

図 10.34　IS 手法による推定範囲

　図 10.34 は IS 手法で得られた 300 個以上のサンプルを用いて推定した確率の範囲を示している。

　図 10.35 は MC 手法で得られた 50,000 個のサンプルを用いて推定した確率の範囲を示している。IS 手法の推定値は $10^{-6}$ のオーダーであるが, MC 手法の推定値は $10^{-5}$ のオーダーであることが確認できよう。また 300 回の推定の平均値, 分散および分散比 (IS 手法の 3,532 倍以上) から IS 手法は MC 法に比べて, その優位性は明らかであろう。

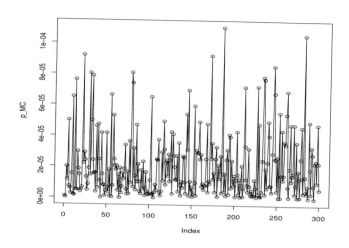

図 10.35　MC 手法による推定範囲

[**演習問題**] 経済時系列データや気温データを収集し，ベイジアン手法で転換点を調べてみよ。

◇ **本章の学習ポイント** ◇

- ベイズ推定の応用
- 株価や確率微分方程式 (SDE), および各種の時系列データにおける転換点や構造変化の検出
- 季節変動の除去, および重点サンプリング法

# 第 11 章

# MRSA 手法による実証分析

　本章では，新型コロナウイルス COVID-19 のパンデミックが株式市場に与えた影響について，定量的な解析を試みる。主にドイツでの新規感染者数と株式市場 (DAX) の変動の関連性について焦点を絞ってみる。またマルコフ・レジーム・スイッチング解析 (MRSA: Markov Regime Switching Analysis) という解析法 (以下からは MRSA 手法と呼ぶ) を用いて，COVID-19 のパンデミックの動的状況と同時に株式マーケットがどう動くかを捉える。我々の実証分析を通して，MRSA 手法は異なる統計性質を持つレジームを適切に分割できていることが確認された [55][56]。

　時変的な性質を持つ時系列データの解析にはいくつかの方法が提唱されている。重要なポイントは，全体の時系列データを異なる統計性質を有するいくつかの時間区域に分割することである。これによって，各区間のデータのダイナミックスを捉えることができる。

　1 つの方法は ARCH (Autoregressive conditional heteroscedasticity)，あるいは GARCH (Generalised Autoregressive heteroscedasticity) モデルを使い，時変的データの統計的性質を表わすことである [52]-[54]。もう 1 つは構造変化を引き起こしている転換点を見つける方法がある。前の章に示されたようにベイジアンアプローチで高精度で転換点を検出することができる [26]-[33], [35]-[43]。

　3 番目の方法は Markov Regime Switching Analysis(MRSA) 手法を用い

て, 時系列データの区間を異なる性質や状態 (State) を持つレジーム (Regime) に適切に分割することが考えられる [55]-[65]。

　ここでは, 我々は MRSA 手法を用いて, 転換点のみならず, 異なる統計性質を持つレジームについて調べることを試みる。すなわち, パンデミックの情勢と同時にマーケットとの関連 (Co-movement or Linkage) を注目する。以下, MRSA 手法についてレビューし, 実証分析の結果を示しながら, MRSA 手法の有効性を示していく。

## 11.1　MRSA 手法の概要

　以下では, MRSA 手法の概要にまとめる。

　1) 異なる状態 (State) の下での回帰分析

　仮に時系列データ $y_t$ に大きく影響を与える状態が 2 つあるとし, それらを $s_t=0$, あるいは 1 とすると, 状態変数を含めた回帰分析は以下のように行われる。

$$y_t = \mu_{s_t} + \epsilon_t (s_t = 0, 1) \tag{11.1}$$

　これは一般的にレジーム $1(s_t=0)$ とレジーム $2(s_t=1)$ と呼ばれ, $y_t$ はレジームごとに特定な値を取ることになる。

　2) 隠れマルコフ状態を含む自己回帰モデル

　同様に $s_t$ は観察できない 0 か 1 かを取る状態変数とすると, 自己回帰スイッチングモデル $z_t$ は下記のような AR(1) モデルを用いて表現できる。

$$z_t = \begin{cases} \alpha_0 + \beta z_{t-1} + \epsilon_t, & s_t = 0 \\ \alpha_0 + \alpha_1 + \beta z_{t-1} + \epsilon_t, & s_t = 1 \end{cases} \tag{11.2}$$

　ここで, $z_t$ は状態変数 0 と 1 との間のシフトによって, レジーム 1 とレジーム 2 との間で振る舞うことになる。

　3) 隠れマルコフ状態を含む一般的な自己回帰モデル

　同じように $s_t$ は観察できない 0 か 1 かを取る状態変数とすると, 自己回帰スイッチングモデル $z_t$ は下記のような AR(k) モデルを用いて表現できる。

$$y_t = c_{s_t} + \alpha_{s_t} x_t + \beta_{1s_t} y_{t-1} + \cdots + \beta_{ks_t} y_{t-k} \tag{11.3}$$

状態変数 $s_t$ の状態遷移確率は 1 次マルコフ連鎖として，例えば，2 つの状態を持つモデルでは，以下の遷移行列 $P$ が設定されている。

$$P = \begin{pmatrix} p_{11} & p_{12} \\ p_{21} & p_{22} \end{pmatrix} \tag{11.4}$$

$p_{ij}$ は状態 $i$ から状態 $j$ に遷移する確率を表している。すなわち，$p_{11} + p_{12} = 1$, $p_{21} + p_{22} = 1$ が成り立つ。

一般的には $n$ 個の状態変数を有する場合は，遷移行列 $P$ 以下になる。

$$P = a_{ij} = \begin{pmatrix} p_{11} & p_{12} & \cdots & p_{1n} \\ p_{21} & p_{22} & \cdots & p_{2n} \\ \vdots & \vdots & \ddots & \vdots \\ p_{n1} & p_{n2} & \cdots & p_{nn} \end{pmatrix} \tag{11.5}$$

同様に $i, j = 1, 2, ...n$, with $\sum_{j=1}^{n} p_{ij} = 1$ が成立する。

モデルのパラメータの推定においては，最尤法を用いるのは一般的である。

## 11.2  実証分析の結果

以下，ドイツの株価指数 DAX のデータを利用して分析を行う。期間は 2020 年 1 月から 2021 年 7 月までで，https://de.finance.yahoo.com から入手した。また，COVID-19 の新規感染者数データは WHO(World Health Organisation) からダウンロードした。

### 11.2.1  ドイツの COVID-19 の新規感染者数の状況

まず，COVID-19 の新規感染者数の推移を確認しておきたい。

図 11.1 はドイツにおける 2020 年 1 月 22 日から 2021 年 7 月までの毎日の新規感染者数の推移を示している。

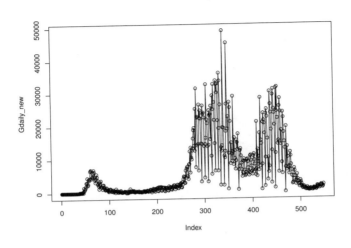

図 11.1　毎日の新規感染者数の推移

　図から確認できるように，初期の段階に小さなピークが表れ，つまり新規感
染者数 0 から小さなピークまで上昇していて，またゼロに下がったのを意味し
ている。次の 2 つの大きなピークを表していた時期は，新規感染者数が爆発的
に増加した時期となる。前述したベイジアン手法を用いて転換点の検出ができ
る [35]-[37],[42][43]。

　実際，新規感染者数が急激に増えたことで，ロックダウンは 2020 年 11 月か
ら実施され，2021 年 3 月末まで，約 5 ヵ月間にわたって続いていた。その後も
新たに出現したハイリスクのデルタ変種を恐れて，ロックダウンは 4 月 18 日
まで延長され，結果的に 2021 年 6 月までに継続した。

　この間，2020 年クリスマス期間中に，クリスマスの需要が増え，一時的に
ロックダウンの措置を緩めていたが，しかし新規感染者数の増加につれて，再
びロックダウンという厳しい措置を実施せねばならなかった。

　2021 年 2 月末になると，ロックダウンの効果によって，新規感染者数が減少
し始めた。3 月 3 日から逐次に規制緩和されて，一部の施設が再開されるよう

になり, 例えば, 博物館や図書館などが再開した。しかしその後, 新規感染者数が指数的に増加し, 国内の大流行になり, ロックダウンは止むを得なく 3 月 28日まで続くと決定された。イースターの期間でもステイホーム (Stay Home)が推奨された。さらにデルタ株の出現によって, 4 月にロックダウンの終了を計画していたものが, 結局, 6 月までの延長となった。

## 11.2.2 MRSA の解析およびその結果

上述したデータセットにマルコフスイッチングレジームダイナミック回帰 (Markov Switching Regime Dynamic Regression) を適用する。対応するパッケージは MSwM であり, コードは以下のようになる。

毎日新規感染者数の変化

```
library(MSwM)
mod<-lm(Gdaily_new~1)
mod.mswm <- msmFit(mod,k=2,p=0,sw=c(TRUE,TRUE),control=
list(parallel=TRUE))
summary(mod.mswm)
Markov Switching Model
Call: msmFit(object=mod, k=2, sw=c(TRUE, TRUE), p=0,
control = list(parallel = TRUE))
```

上記コードの実行後, 次の解析結果が得られている。とりわけ, AIC, BIC,logLik はそれぞれ 10178.62, 10199.85 および −5087.31 となった。

毎日新規感染者数の変化 (続き)

```
Regime 1 Estimate Std. Error t value  Pr(>|t|)
(Intercept)(S) 12889.56      557.92   23.103 < 2.2e-16***
Regime 2  Estimate Std. Error t value  Pr(>|t|)
(Intercept)(S)  844.336       43.019  19.627 < 2.2e-16***
```

すなわち，切片関連の推定値と指標は表 11.1 にまとめた。

|  | 推定値 | 標準誤差 | t 値 | Pr(>\|t\|) |
|---|---|---|---|---|
| 切片 (S)(レジーム 1) | 12889.56 | 557.92 | 23.103 | <2.2e-16*** |
| 切片 (S)(レジーム 2) | 844.336 | 43.019 | 19.627 | <2.2e-16*** |

表 11.1　推定されたパラメータ

以降では，統計有意記号は脚注に表示されたものとする。[1]
また推定された遷移行列とそれらのパラメータの信頼区間は以下になる。

```
─(続き) 推定された遷移行列と各パラメータの信頼区間─────

Transition probabilities:
            Regime 1     Regime 2
Regime 1 0.992610752 0.007399431
Regime 2 0.007389248 0.992600569
> intervals(mod.mswm)
Aproximate intervals for the coefficients. Level= 0.95
(Intercept):  Lower     Estimation    Upper
Regime 1    11796.0596 12889.5559 13983.0522
Regime 2    760.0209    844.3364   928.6517
```

すなわち，上記の結果は表 11.2 および 11.3 にまとめて示している。

| 遷移確率 | レジーム 1 | レジーム 2 |
|---|---|---|
| レジーム 1 | 0.992610752 | 0.007399431 |
| レジーム 2 | 0.007389248 | 0.992600569 |

表 11.2　遷移確率

---

[1] Signif. codes: 0 '***' 0.001 '**' 0.01 '*' 0.05 '.' 0.1 ' ' 1.

| 切片 | 下側 | 推定値 | 上側 |
|---|---|---|---|
| レジーム 1 | 11796.0596 | 12889.5559 | 13983.0522 |
| レジーム 2 | 760.0209 | 844.3364 | 928.6518 |

表 11.3　信頼区間 (Level= 0.95)

　さらにパッケージ MSwM の関数 plotProb を用いて図を作成して以下のようにまとめた。

　図 11.2 にはレジーム 1 を意味するグレーゾーンが示されている。図 11.3 にはレジーム 2 を意味するグレーゾーンが示されている。図 11.4 には平滑されたレジームチェンジの確率が示されている。

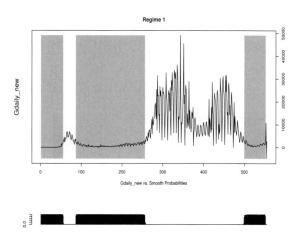

図 11.2　レジーム 1 を意味するグレーゾーン

　よって，MRSA 手法は日次新規感染者数の動的状況を把握することには有効であることが明らかになった。

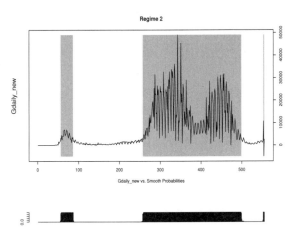

図 11.3　レジーム 2 を意味するグレーゾーン

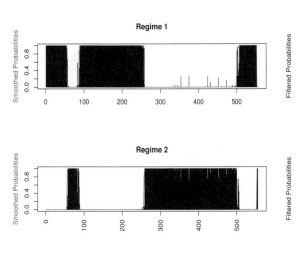

図 11.4　レジーム 1 と 2 の平滑化確率

### 11.2.3 COVID-19 増加率について

ここで, COVID-19 新規感染者増加率を計算してみた。結果は以下のように
なった。

図 11.5 および 11.6 にはそれぞれ各レジームのエリアとそれらに対応する平
滑した確率を示している。

計算結果では AIC と BIC はそれぞれ $-4408.916, -4387.691$ となり, 尤度
は $2206.458$ となった。

推定された各パラメータと遷移確率は表 11.4 および 11.5 に示している。

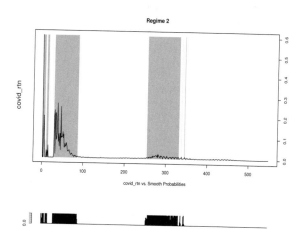

図 11.5 新規感染者数の増加率 (レジーム 2)

以上の結果から MRSA 手法は新規感染者数の増加率において, 異なるレ
ジームを分割する有効性が確認できよう。

さらに我々は DAX と COVID-19 のパンデミックの関連性について, それ
ぞれのボラティリティを利用して両者のダイナミックの関係を捉えた。

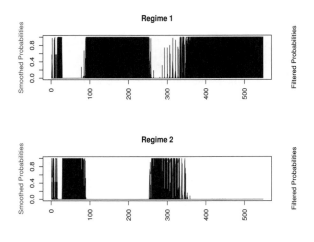

図 11.6　平滑確率

|  | 推定値 | 標準誤差 | t 値 | Pr(>|t|) |
|---|---|---|---|---|
| 切片 (S)(レジーム 1) | 0.0016 | 0.0001 | 16 | <2.2e-16*** |
| 切片 (S)(レジーム 2) | 0.0395 | 0.0058 | 6.8103 | <9.74e-12*** |

表 11.4　推定したパラメータの結果

| 遷移確率 | レジーム 1 | レジーム 2 |
|---|---|---|
| レジーム 1 | 0.98071926 | 0.04439618 |
| レジーム 2 | 0.01928074 | 0.95560382 |

表 11.5　推定した遷移確率

## 11.3 GARCH モデルへの適用

　前述したように GARCH モデルの詳細は多くの出版物で解説されているため，ここではそれらを適用した結果のみを示しておく。

　本節では，収集・整理した DAX と COVID-19 のデータセットに GARCH(p,q) モデルの当てはめを試みた。ここではパッケージ fGarch を利用してモデルをフィットさせた。パッケージの詳細利用法は後で例示したプログラムの中で説明する。

　結果としては GARCH(1,1) と GARCH(1,0) がそれぞれの週次データに良いフィットを示してくれた。

　図 11.7 および図 11.8 にはそれぞれ DAX と COVID-19 の週次時系列データがプロットされている。

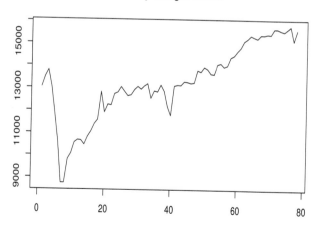

図 11.7　DAX 指数と新規感染者数の遷移

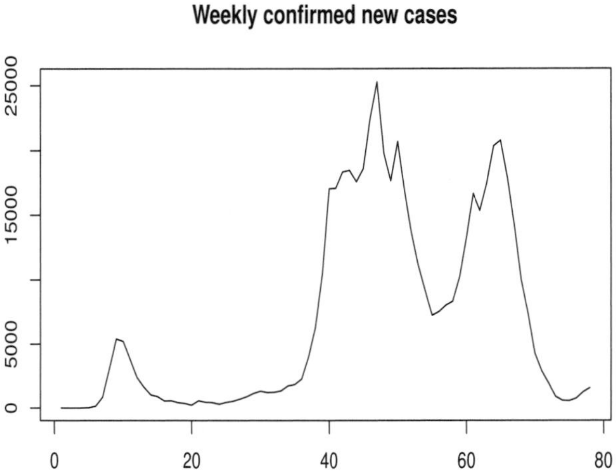

図 11.8　DAX 指数と新規感染者数の遷移

## 11.3.1　GARCH モデルを DAX 収益率への適用

　GARCH モデルの詳細は多くの研究出版物で取り上げられているため, ここでは省くが, GARCH モデルへ適用した結果を示しておく。

　その結果から, 週次 DAX の収益率が GARCH(1,1) に最も適合であることが得られた。またデータは歪正規分布 (SNORM: Skew-normal distribution) に従うこととしている。

　以下ではその結果をまとめて示している。

　尤度は −156.7235 となり, 情報量基準統計量は表 11.6 に示している。

　推定されたパラメータおよび関連統計量は表 11.7 に示している。

　図 11.9 は株価 (左上), 収益率 (左下), $h_t$(右上), 及び $\sigma_t$(右下) をそれぞれプロットしている。図 11.10 は収益率の conditional SD を描いている。

| AIC | BIC | SIC | HQIC |
|---|---|---|---|
| −4.019040 | −3.896369 | −4.024219 | −3.970015 |

表 11.6　情報量基準統計量

|  | 推定値 | 標準誤差 | t 値 | Pr(> |t|) |
|---|---|---|---|---|
| omega | 4.468e-05 | 3.785e-05 | 1.180 | 0.2379 |
| alpha1 | 3.050e-01 | 1.497e-01 | 2.037 | 0.0416 * |
| beta1 | 7.017e-01 | 1.032e-01 | 6.798 | 1.06e-11 *** |
| skew | 8.470e-01 | 1.021e-01 | 8.299 | 2e-16 *** |

表 11.7　推定された各パラメータ及び関連統計量

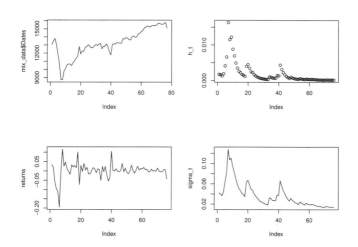

図 11.9　週次 DAX リターンの GARCH(1,1) への当てはめ

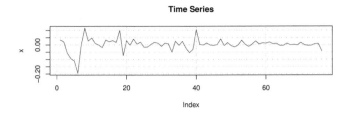

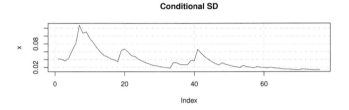

図 11.10　DAX-SD

　以上の結果から GARCH(1,1) が DAX の収益率への適用は適切であると見なせる。GARCH モデルに使えるパッケージは複数あるが，ここではパッケージ fGarch を利用する。

― 76 週間の DAX 収益率の GARCH(1,1) への適用 ―――――

```
library(fGarch)
library(rtsplot)
ts.plot(mix_data)
mix_data<-data.frame(cbind(dates,Gweek_new,DXI_week))
returns<-diff(log(mix_data$DXI_week)) #DAX-week returns
garch11.model<-garchFit(~garch(1,1),data=returns,
cond.dist=c("snorm"), include.mean=FALSE)
rslt<-summary(garch11.model)
```

実行結果 (続き)

```
> rslt<-summary(garch11.model)
Title:GARCH Modelling
Call: garchFit(formula = ~garch(1,1),data=returns,
cond.dist=c("snorm"), include.mean = FALSE)
Mean and Variance Equation:
 data ~ garch(1, 1)
 [data = returns]
Conditional Distribution: snorm
Coefficient(s): omega     alpha1      beta1       skew
            4.4675e-05 3.0499e-01 7.0171e-01 8.4704e-01
Std. Errors: based on Hessian Error Analysis:
         Estimate  Std. Error  t value Pr(>|t|)
omega  4.468e-05   3.785e-05    1.180   0.2379
alpha1 3.050e-01   1.497e-01    2.037   0.0416 *
beta1  7.017e-01   1.032e-01    6.798 1.06e-11 ***
skew   8.470e-01   1.021e-01    8.299  < 2e-16 ***
Log Likelihood:-156.7235    normalized:  2.062151
Information Criterion Statistics:
     AIC        BIC        SIC        HQIC
-4.019040 -3.896369 -4.024219 -3.970015
> sigma_t<-garch11.model@sigma.t; sigma_t

[1] 0.04199974 0.04039148 0.03643143 0.04389906 0.06426546 0.08135324...
[71] 0.01605448 0.01501841 0.01446123 0.01394438 0.01398802 0.01422497

h_t<-garch11.model@h.t; h_t

[1]0.0017639782  0.0016314716  0.0013272487  0.0019271272  0.0041300493
0.0066183489... [73] 0.0002091273 0.0001944457 0.0001956647 0.0002023499
```

以上からは各 GARCH モデルのパラメータや関連統計指標, sigma_t を示したが, ここからは GARCH モデルに関連するグラフを作成する。

┌─ DAX-week と COV-19 との GARCH 図の作成 ─────────

```
par(mfrow=c(2,2))
plot(mix_data$DXI_week,mix_data$Dates,ty="l")
plot(h_t)
plot(returns,type="l")
plot(sigma_t,type="l")
```

┌─ DAX-garch-SD, Conditional-SD 図の作成 ─────────

```
par(mfrow=c(2,1))
plot(garch11.model,which=1)
plot(garch11.model,which=2) #DAX-garch-SD
par(mfrow=c(2,1))
plot(garch11.model,which=3)
plot(garch11.model,which=2) #DAX-garch-2C-SD
plot(garch11.model) #DAX-garch-Conditional-SD
```

## 11.3.2　COVID-19 の増加率を GARCH へ適用した結果

同様に COVID-19 の増加率を計算して, それを GARCH モデルに適用した。GARCH(1,0) が最も相応しいモデルという結論が得られた。ここで, 分布を歪正規分布 (snorm: skew normal distribution) にセットしたことで, より良い結果が得られた。これらの結果は表 11.8 に表示している。

プログラムは以下のように示している。

図 11.11 は COVID-19 の新規感染者数 (左上), 増加率 (左下), $h_t$(右上) および $\sigma_t$(右下) を示している。図 11.12 は conditional SD を示している。

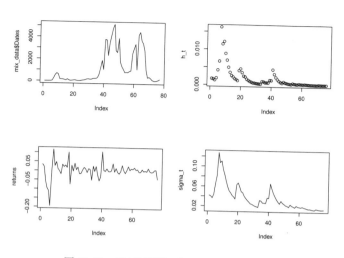

図 11.11 GARCH(1,0) への当てはめの様子

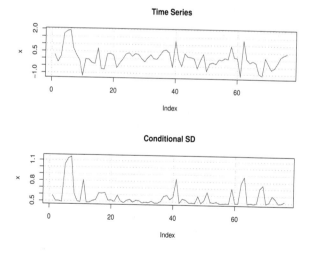

図 11.12 COVID19-SD 図

┌─ GARCH(1,0) を COVID-19 増加率への適用 ─────────────

```
library(fGarch)
returns2<-diff(log(mix_data$Gweek_new+1))[1:76]
garch10.model<-garchFit(~garch(1,0),data=returns2,
cond.dist=c("snorm"), include.mean=FALSE)
rslt2<-summary(garch10.model)
```

上記プログラムを実行すると，次のような適用の結果が得られる。

┌─ GARCH(1,0) を COVID-19 増加率への適用の結果 ─────────

```
>rslt2<-summary(garch10.model)
Title: GARCH Modelling
Call: garchFit(formula = ~garch(1,0), data=returns2,
cond.dist=c("snorm"), include.mean = FALSE)
Mean and Variance Equation: data ~ garch(1, 0)
[data = returns2]
Conditional Distribution: snorm
Coefficient(s):  omega    alpha1     skew
              0.23370   0.29355   1.01579
Std. Errors: based on Hessian Error Analysis:
        Estimate   Std. Error   t value   Pr(>|t|)
omega    0.23370    0.04651     5.025    5.03e-07***
alpha1   0.29355    0.15340     1.914    0.0557.
skew     1.01579    0.13218     7.685    1.53e-14***
Log Likelihood: -63.06984    normalized:  -0.8298663
Information Criterion Statistics:
    AIC       BIC       SIC       HQIC
1.738680  1.830683  1.735719  1.775449
```

---GARCH(1,0) の h.t の出力 ----------

```
> h_t2<-garch10.model@h.t
> h_t2
```

[1] 0.3409403 0.2522444 0.2522444 0.2389381 1.0868202 1.2698844 1.3316249

... [71] 0.2569237 0.3619359 0.3138783 0.2435861 0.2483208 0.2721593

---sigma_t2 の出力 ----------

```
> sigma_t2<-garch10.model@sigma.t
> sigma_t2
```

[1] 0.5839009 0.5022394 0.5022394 0.4888130 1.0425067 1.1268915 1.1539605

... [71] 0.5068764 0.6016111 0.5602484 0.4935445 0.4983180 0.5216889

簡単にまとめると, GARCH(1,0) モデルによる推定された各パラメータの結果および統計指標は表 11.8 に示している。

|       | 推定値 | 標準誤差 | t 値 | Pr($>$\|t\|) |
|-------|--------|----------|------|-------------|
| omega | 0.23370 | 0.04651 | 5.025 | 5.03e-07 *** |
| alpha1 | 0.29355 | 0.15340 | 1.914 | 0.0557 . |
| skew | 1.01579 | 0.13218 | 7.685 | 1.53e-14 *** |

表 11.8  GARCH(1,0) の推定した結果

# 11.4　ボラティリティを用いた MRSA 解析の結果

上述した DAX 収益率と COVID-19 増加率の GARCH モデルから得られたボラティリティを用いて MRSA を行い, 以下の結果が得られた。ここで, 変数 xxx, yyy はそれぞれ COVID-19, DAX のボラティリティを意味する。また DAX の系列は, AR(1) の有意が認められている。

情報量基準 AIC, BIC はそれぞれ $-661.8962$, $-622.0863$ となり, 対数尤

度は 336.9481 となった。またレジーム 1 と 2 の重決定係数 (Multiple R-squared) はそれぞれ 0.9972 および 0.8972 となった。

　表 11.9 は推定されたパラメータと関連統計量をまとめて表示している。また各状態間の遷移確率は表 11.10 に示している。

　これらの表からは，外生的変数 COVID-19 の増加率は両方のレジームに影響を与えていることが確認できる。

| レジーム 1 | 推定値 | 標準誤差 | t 値 | $Pr(>|t|)$ |
|---|---|---|---|---|
| 切片 | 0.0007 | 0.0009 | 0.7778 | 0.43669 |
| xxx | 0.0031 | 0.0016 | 1.9375 | 0.05268. |
| yyy(t-1) | 0.8264 | 0.0059 | 140.0678 | 2e-16*** |
| レジーム 2 | 推定値 | 標準誤差 | t 値 | $Pr(>|t|)$ |
| 切片 | -0.0151 | 0.0070 | -2.1571 | 0.031* |
| xxx | 0.0424 | 0.0107 | 3.9626 | 7.414e-05*** |
| yyy(t-1) | 0.9644 | 0.1090 | 8.8477 | 2.2e-16*** |

表 11.9　推定されたパラメータと関連統計量

| 遷移確率 | レジーム 1 | レジーム 2 |
|---|---|---|
| レジーム 1 | 0.8075422 | 0.5386921 |
| レジーム 2 | 0.1924578 | 0.4613079 |

表 11.10　遷移確率

　図 11.13 はレジーム 1, 2 の確率遷移の状況を示している。図 11.14 では MRSA 手法は，DAX の $\sigma_t$ を動的に捉えていること，すなわち，著しく減衰している部分をレジーム 1 として識別されている。

　これにより，MRSA 手法は株価 DAX と COVID-19 との両者ボラティリティの関係を動的に捉えていることが確認された。

　上記の図表からは，DAX においては，AR(1) の効果も統計的に有意であることが明白になったのである。

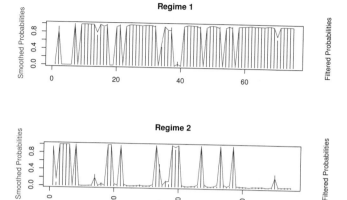

図 11.13 レジーム 1 と 2 の遷移確率

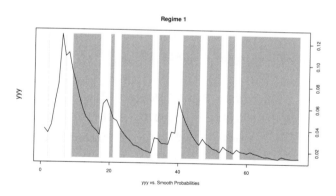

図 11.14 DAX の減衰を示しているレジーム 1

プログラムおよび実行結果は以下のようになる。

```
┌─ ボラティリティを用いた MRSA 手法の解析と結果 ──────────
│ > summary(mod.sigma)
│ Markov Switching Model
│ Call: msmFit(object=m,k=2,sw=c(TRUE,TRUE,TRUE,TRUE),p=1,
│     control = list(parallel = TRUE))
│               AIC        BIC       logLik
│           -661.8962  -622.0863  336.9481
│ Coefficients:
│ Regime 1        Estimate Std. Error  t value  Pr(>|t|)
│ (Intercept)(S)   0.0007     0.0009    0.7778   0.43669
│ xxx(S)           0.0031     0.0016    1.9375   0.05268.
│ yyy_1(S)         0.8264     0.0059  140.0678   < 2e-16***
│ Residual standard error: 0.001060348
│ Multiple R-squared: 0.9972
│ Standardized Residuals:
│       Min          Q1         Med          Q3          Max
│ -1.4711e-03 -7.2631e-04 4.4031e-39  4.0962e-04  2.3898e-03
│
│ Regime 2        Estimate Std. Error t value  Pr(>|t|)
│ (Intercept)(S)  -0.0151     0.0070  -2.1571     0.031*
│ xxx(S)           0.0424     0.0107   3.9626  7.414e-05***
│ yyy_1(S)         0.9644     0.1090   8.8477  < 2.2e-16***
│ Signif.codes:0 '***' 0.001 '**' 0.01 '*' 0.05 '.' 0.1 ' ' 1
│ Residual standard error: 0.009268771
│ Multiple R-squared: 0.8972
│ Standardized Residuals:
│       Min          Q1         Med          Q3          Max
│ -0.01325851 -0.00207531 -0.00133471 -0.00083681  0.0230992
└──────────────────────────────────────────────
```

┌─ MRSA 手法の解析と結果 (続き) 遷移行列 ─────

```
Transition probabilities:
          Regime 1   Regime 2
Regime 1 0.8075422 0.5386921
Regime 2 0.1924578 0.4613079
```

本章では, Markov Regime Switching Analysis(MRSA) を COVID-19 パンデミックに適用して, 新規感染者数の動的変化とドイツの株価指数との関連性を調べた。その結果, パンデミックによるマーケットへの影響が確認された。

[**演習問題**] 近年の米国連邦準備銀行 (FRB: Federal Reserve Bank) の政策金利データと円／ドル為替レートのデータを収集し, MRSA 手法による円の為替レート変動の解析を試みよ。

### ◇ 本章の学習ポイント ◇

- マルコフ・レジーム・スイッチング解析法
- GARCH モデルの適用・フィット
- パッケージ MSwM, fGarch

# 参考文献

[1] G. Grolemund, *Hands-On Programming with R: Write Your Own Functions and Simulations*, O'Reilly, 2014.

[2] R. James, G. Witten, D. Hastie, T. Tibshirani, *An Introduction to Statistical Learning: with Applications in R*, Springer Texts in Statistics, 2017.

[3] W. Chang, *R Graphics Cookbook: Practical Recipes for Visualizing Data*, O'Reilly, 2018.

[4] R. D. Banker, A. Charnes, W. W. Cooper, Some models for estimating technical and scale in efficiencies in data envelopment analysis, *Management Science*, 30(9), 1078-1092, 1984.

[5] 刀根 薫, 経営効率性の測定と改善―包絡分析法 DEA による, 日科技連,1993.

[6] 譚 康融, データ包絡分析法を用いた企業評価及び R の活用, コンピュータジャーナル, Vol. 29, 2-13, 久留米大学, 2014.

[7] M. J. Farrell, The measurement of productive efficiency, *Journal of the Royal Statistical Society*, 120, 253-281, 1957.

[8] J. Annette, G. A. Barnett, *An Introduction to generalized linear Models*, CRC Press, 2008.

[9] D.J. Aigner, C.A.K. Lovell, P. Schmidt, Formulation and estimation of stochastic frontier production functions, *Journal of Econometrics*, 6, 21-37, 1977.

[10] G. Baltas, Exploring consumer differences in food demand: a stochastic frontier approach, *British Food Journal*, 107(9), 685-692, 2005.

[11] W. H. Greene, The econometric approach to efficiency analysis, *The Measurement of Productive Efficiency*, Oxford University Press, New York and Oxford, 2008.

[12] P. Bogetoft, L. Otto, *Benchmarking with DEA, SFA, and R*, Springer, 2000.

[13] 譚 康融, R による SFA の解法とその応用, コンピュータジャーナル, Vol. 31, pp.2-18, 久留米大学, 2017.

[14] A. Abadie, A. Diamond, J., Hainmueller, Comparative politics and the Synthetic Control Method, *American Journal of Political Science*, 2014.

[15] A. Abadie, A. Diamond, J. Hainmueller, Synthetic Control Methods for comparative case studies: Estimating the effect of California's Tobacco Control Program, *Journal of the American Statistical Association*, 105:490, 493-505, 2010.

[16] A. Abadie, Using Synthetic Controls: Feasibility, data requirements, and methodological aspects, *Journal of Economic Literature*, 59(2), 391-425, 2021.

[17] V. Vapnik, A. Lerner, Pattern recognition using generalized portrait method, *Automation and Remote Control*, 24, 1963.

[18] V. Vapnik, *Statistical Learning Theory*, Wiley, New York, 1998.

[19] B. Schölkopf, J. Platt et al., Estimating the support of a high-dimensional distribution, *Neural Computation*, 13, 1443-1471, 2001.

[20] B.E. Boser, I.M. Guyon, V. N. Vapnik, A training algorithm for optimal margin classifiers. In D. Haussler (Ed.), *Proceedings of the 5th Annual ACM Workshop on Computational Learning Theory*, 144-152, ACM Press, 1992.

[21] B. Schölkopf, A. Smola, K. R. Muller, Kernel principal component analysis, In B. Schölkopf, C. J. C. Burges, A. J. Smola (Eds.), *Ad-*

*vances in kernel methods—Support vector learning*, 327-352, Cambridge, MA: MIT Press, 1999.

[22] 譚 康融, システムにおける異常値などの検知について, OR 学会研究発表会 (秋), 2021.

[23] P. Jorion, Value at Risk: *The New Benchmark for Managing Financial Risk*, 3rd, McGraw-Hill, 2006.

[24] J. Hull, Options, *Futures, and Other Derivatives*, Pearson, 2017.

[25] R. Tsay, *Analysis of Financial Time Series*, Wiley, 1990.

[26] J. Chen, Y. Wang, A statistical change point model approach for the detection of DNA copy number variations in array CGH data, *IEEE ACM Trans Comput Biol Bioinform*, 6(4),529-541, 2009.

[27] H. Chernott, S. Zacks, Estimating the current mean of a normal distribution which is subject to changes in time, *Annals of Mathematical Statistics*, 35, 999-1018, 1964.

[28] L.A. Gardner, On detecting changes in the mean of normal variates, *Annals of Mathematical Statistics*, 40, 116-126, 1969.

[29] L. Horvath, The maximum likelihood method for testing changes in the parameters of normal observations, *Annals of Statistics*, 2L, 671-680, 1993.

[30] A.K. Gupta, J. Chen, Detecting changes of mean in multidimensional normal sequences with application to literature and geology, *Computational Statistics*, 11, 211-221, 1996.

[31] J. Chen, A.K. Gupta, Change point analysis of a Gaussian model, *Statistical Papers*, 40, 323-333, 1999.

[32] D.W.K. Andrews, Tests for parameter instability and structural change with unknown change points, *Econometrica*, 61, 821-856, 1993.

[33] Y.C. Yao, R.A. Davis, The asymptotic behavior of the likelihood statistics for testing shift in mean in a sequence of independent normal variates, *Sankhya*, A48, 339-353, 1986.

[34] J. Gill, *Bayesian Methods: A Social and Behavioral Sciences Approach*, Chapman and Hall, 2002.

[35] K.R. Tan, G. Joe, *Theoretical Advances and Applications in Operations Research-Modeling Non-normal Phenomena*, Kyushu University Press, 2011.

[36] K.R. Tan, *Detecting locations of change points based upon a Bayesian approach*, Colloquium, at Department of Statistics, Columbia University in the City of New York, 2012.

[37] K.R. Tan, Detecting change points and structural changes in stock price time series based upon a Bayesian approach, *Journal of Institute of Industrial Economics Research*, 57, 1-2, 2017.

[38] A.F.M. Smith, A Bayesian approach to inference about a change-point in a sequence of random variables, *Biomtrka*, 62, 407-416, 1975.

[39] B.P. Carlin, A.E., Gelfand, A.F.M., Smith, Hierarchical Bayesian analysis of change-point problems, *Applied of Statistics*, 41, 389-405, 1992.

[40] H.A. Howlader, U., Balasooriya, Bayesian estimation of the distribution function of the Poisson model, *Biometrical Journal*, Vol. 45, 7, 901-912, 2003.

[41] A. Gelman, J.B., Carlin, H.S., Stern, *Bayesian Data Analysis*, Chapman and Hall, 2013.

[42] K.R. Tan, Detecting structural changes in Stochastic Differential Equation System based upon a Bayesian approach, *Journal of Institute of Industrial Economics Research*, 58, 51-67, 2018.

[43] K.R. Tan, Identifying the pandemic change points of COVID-19 outbreak: Case studies in Germany, Italy and Austria, *Journal of Economic and Social Research*, 61(2-3), 19-33, 2021.

[44] 芦塚智子, サイバー攻撃の損害: 米で年 10 兆円, 日本経済新聞朝刊, 2013 年 7 月 24 日.

[45] 総務省, サイバー攻撃を一斉遮断, 日本経済新聞朝刊, 2017 年 10 月

25 日.

[46] 日銀調査, 金融機関の半数「サイバー攻撃受けた」, 日本経済新聞朝刊, 2017 年 10 月 16 日.

[47] 総務省, 平成 28 情報通信白書.

[48] 譚康融, 通信トラフィックの転換点検出による不正アクセスの検知, コンピュータジャーナル, Vol. 32, pp.3-10, 久留米大学, 2018.

[49] 譚康融, 通信トラフィック解析及びその転換点の検出について, コンピュータジャーナル, Vol. 33, pp. 67-85, 久留米大学, 2019.

[50] https://www.who.int/emergencies/diseases/novel-coronavirus-2019

[51] https://coronavirus.jhu.edu

[52] R. Engle, Autoregressive conditional heteroscedasticity with estimates of the variance of United Kingdom inflation, *Econometrica*, 50, 987-1007, 1982.

[53] T. Bollerslev, Generalized autoregressive conditional heteroskedasticity, *Econometrics*, 31, 307-327, 1986.

[54] 時永祥三, 譚康融, SAS による金融工学, オーム社, 2002 年.

[55] K.R. Tan, S. Tokinaga, Markov regime switching analysis for the pandemic and the dynamics of German market, *Proceedings of International Conference on Computational Science and Computational Intelligence(CSCI)*, IEEE Xplore, 2021.

[56] K.R. Tan, S. Tokinaga, Markov regime switching analysis for COVID-19 outbreak situations and their Dynamic Linkage of German market, *Advanced in Science, Technology and Engineering Systems Journal-Special Issues on Computing, Engineering and Multidisciplinary Sciences-*, 8(3), 11-18, 2023.

[57] J.D. Hamilton, Rational-expectations econometric analysis of changes in regimes: An investigation of the term structure of interest rates, *Journal of Economic Dynamics and Control*, 12, 385-423, 1988.

[58] J.D. Hamilton, A new approach to the economic analysis of nonsta-

tionary time series and the business cycle, *Econometrica*, 57, 357-384, 1989.

[59] J.D. Hamilton, *Time Series Analysis*, Princeton, NJ: Princeton University Press, 1994.

[60] T. Allan, Moments of Markov Switching Models, *Econometrics*, 96, 75-111, 2000.

[61] S. Christopher, and T., Zha, Were there switches in U.S. monetary policy?, *American Economic Review*, 96(1), 54-81, 2006.

[62] M.J. Dueker, Markov switching in GARCH processes and mean-reverting stock market volatility, *Journal of Business and Economic Statistics*, 15, 26-34, 1997.

[63] S. Goutte, and B. Zou, Foreign exchange rates under Markov Regime switching model, *Center for Research in Economic Analysis*, University of Luxembourg, 1-29, 2011.

[64] G. Stefano, O. Aydin, S. Abhijit, J., Mazin, Pricing of time-varying illiquidity within the Eurozone: evidence using a Markov switching liquidity-adjusted capital asset pricing model, *International Review of Financial Analysis*, 64, 145-158, 2019.

[65] S. Rossouw, T. Greyling, T. Adhikari, Markov switching models for happiness during a pandemic: The New Zealand experience, *GLO Discussion Paper*, 573, 1-15, 2020.

# 索引

〈著者紹介〉

譚 康融（たん・こうゆう）

1987 年復旦大学計算機科学学部情報科学科卒業。銀行勤務などを経て，現在久留米大学経学部・大学院比較文化研究科教授。博士後期課程指導教員。
2000 年九州大学大学院経済学研究科経済工学専攻博士課程修了。
博士（経済学）九州大学。
コロンビア大学統計学部客員教授，オーストラリア国立大学数理科学院客員フェロー，カリフォルニア大学サンタバーバラ校統計学部客員教授を兼任。
オペレーションズ・リサーチ，データマイニング，金融工学，企業評価，情報文化論などの研究・教育に従事。

著書：

『電子商取引と情報経済』（共著，2001 年，九州大学出版会），『SAS による金融工学』（共著，2002 年，オーム社），*Theoretical Advances and Applications in Operations Research—Modeling Non-normal Phenomena*（共著，2011 年，九州大学出版会）

Rによる経済・経営データ解析入門

2023 年 10 月 15 日　初版発行

著　者　譚　　康融

発行者　清水　和裕

発行所　一般財団法人 九州大学出版会

〒819-0385　福岡市西区元岡744
九州大学パブリック 4 号館 302号室
電話 092-836-8256
URL https://kup.or.jp

印刷・製本／城島印刷㈱

Ⓒ 譚康融，2023
Printed in Japan

ISBN978-4-7985-0359-2